阅读推广人系列教材（第四辑）

中国图书馆学会　编
王余光　霍瑞娟　李东来　总主编

全民阅读示范基地建设

主　编　张利娜　李东来
副主编　邱建恒　冼君宜

Construction of
National Reading
Demonstration Base

朝华出版社
BLOSSOM PRESS

图书在版编目（CIP）数据

全民阅读示范基地建设 / 张利娜，李东来主编 . --
北京：朝华出版社，2020.5
阅读推广人系列教材 . 第四辑
ISBN 978-7-5054-4517-8

Ⅰ . ①全… Ⅱ . ①张… ②李… Ⅲ . ①读书活动—中
国—教材Ⅳ . ① G252.17

中国版本图书馆 CIP 数据核字（2019）第 147112 号

全民阅读示范基地建设

主　　编	张利娜　李东来
副 主 编	邱建恒　冼君宜

选题策划	张汉东
责任编辑	韩丽群
责任印制	张文东　陆竞赢

出版发行　朝华出版社
社　　址　北京市西城区百万庄大街 24 号　　　　　　邮政编码　100037
出版合作　（010）68995593
订购电话　（010）68996050　68996618
传　　真　（010）88415258（发行部）
联系版权　zhbq@cipg.org.cn
网　　址　http://zhcb.cipg.org.cn
印　　刷　文畅阁印刷有限公司
经　　销　全国新华书店
开　　本　710mm×1000mm　1/16　　　　　　字　　数　249 千字
印　　张　16
版　　次　2020 年 5 月第 1 版　　2020 年 5 月第 1 次印刷
装　　别　平
书　　号　ISBN 978-7-5054-4517-8
定　　价　45.00 元

阅读推广人系列教材
编委会

总 序

　　由中国图书馆学会（以下简称"中图学会"）主持编写的丛书"阅读推广人系列教材"，是中图学会"阅读推广人"培育行动的一部分。

　　自 2005 年中图学会设立科普与阅读指导委员会（2009 年更名为"阅读推广委员会"）以来，各类型图书馆逐步重视开展阅读推广活动，并取得了丰硕的成果。在阅读推广过程中，很多图书馆面临不少问题，其中没有适合从事阅读推广的馆员是一个重要问题，而这对图书馆阅读推广活动能否持续、有效、创新地开展，将产生重要的影响。

　　鉴于此，中图学会阅读推广委员会于 2013 年 7 月，在浙江绍兴图书馆举办了"首届全国阅读推广高峰论坛"。这一论坛的目的是为图书馆免费培训阅读推广人，造就一支理念新、专业强、技能高的阅读推广人才队伍。首届论坛获得了图书馆界同人极高的评价。此后，在 2014 至 2015 年，中图学会阅读推广委员会又在常熟、石家庄、镇江、成都、临沂举办了五次免费培训，都取得了良好效果。

　　在绍兴阅读推广人培训之后，中图学会阅读推广委员会便着手考虑培训的专业化与系统性。为了更好地将阅读推广人培训工作顺利推进，委员会于 2014 年 7 月为中图学会制定了《培育阅读推广人行动计划（草案）》。该草案分四个部分：前言、培训课程体系与教材、专家组织、考核与能力证书授予等。关于阅读推广人，"前言"中写道：

　　"阅读推广人"是具有一定资质，可以开展阅读指导、提升读者阅读兴趣和阅读能力的专业与业余人士。

　　全民阅读、阅读推广，是立足中国文化、提高中华民族素质与竞争力的重要

1

举措，近两年来受到政府与社会的广泛关注。为了推动全民阅读工作规范有效开展，培训"阅读推广人"，则是十分重要与必要的，也是很多机构，如学校、图书馆、大型企业、宣传部门十分需要的。

中国图书馆学会长期以来开展阅读推广活动，积累了丰富的经验，并拥有一批该领域的专家学者，从事全民阅读与阅读推广研究，他们承担课题或从事教育培训，取得了一定的成果，为进一步开展"阅读推广人"的培训、资格认证提供了重要的基础。作为以促进全民阅读，为读者终身学习提供保障为目标和社会责任的图书馆，应当成为阅读推广人培养与成长的摇篮。

中国图书馆学会为了更好地帮助图书馆、学校、大型企业、宣传部门等机构开展阅读推广工作，将阅读推广人培训作为自己一项长期工作。为了培训工作更好与规范地开展，特制订《培育阅读推广人行动计划》。参加培训的学员，通过一定的考核，中国图书馆学会将授予学员"阅读推广人"资格证书。

2014年12月11日，中图学会阅读推广委员会举办的"全民阅读推广峰会暨'阅读推广人'培育行动启动仪式"在常熟图书馆举行。会上，中图学会正式启动"阅读推广人"培育行动。

在"阅读推广人"培育行动中，教材的编写成为首要任务。这套"阅读推广人系列教材"是国内首套针对阅读推广人的教材。由于没有相关的参考著作，教材可能还存在一些不足。在今后使用过程中，对教材中存在的问题与不足，主编将做进一步的修订与完善。这套教材的问世，对中国阅读推广人的培育将发挥积极的推动作用。

"阅读推广人系列教材" 编委会

前　言

　　文化是一个国家、一个民族的灵魂。促进全民阅读，是一个国家加强文化传承、提升国民素质与创新能力的重要举措，是建设学习型社会的重要途径。自 2014 年以来，"倡导全民阅读"连续 6 年写入国务院政府工作报告。《中华人民共和国公共文化服务保障法》和《中华人民共和国公共图书馆法》的出台实施，为全民阅读提供了政策支持和法律支撑，使全民阅读工作上升为国家战略，从法制化层面对全民阅读工作加以推进。党的十九大指明了发展中国特色社会主义文化应满足人民美好生活需要，提供丰富精神食粮的前进方向。伴随新时代的发展，全民阅读的观念逐渐深入人心，阅读正成为人们的一种生活态度，一种生活方式。

　　图书馆在全民阅读工作中承担着重要角色，是全民阅读工作的主要阵地，为全民阅读提供基本保障和条件。近年来，全国各级各类图书馆通过开展形式多样和内容丰富的阅读推广活动，提高了自身的阅读推广的能力，扩大了图书馆的社会影响力，很好地促进了全民阅读的发展。中国图书馆学会作为行业组织，一直积极引导、协调和组织全国各地图书馆开展全民阅读工作。阅读推广委员会作为其分支机构，成立以来也在不断探索工作机制，搭建活动平台，出版专业书籍，培育专门人才，促进全国图书馆的阅读推广工作不断向前发展。阅读推广委员会每年发布"年度'全民阅读'工作通知"，构建"全民阅读称号"等图书馆阅读推广荣誉体系，打造"全民阅读论坛"等项目品牌，策划有影响力、辐射范围广的全国性活动，开展阅读推广课题申报工作，推出系列专业研究报告，工作开展卓有成效，在全国产生了深远的影响。

　　以工作开展情况和影响辐射力为评价标准，中国图书馆学会每年组织遴选全民阅读活动"优秀组织""先进单位""全民阅读示范基地"，以表彰在全民阅读工作中表现突出的图书馆和组织。其中，"全民阅读示范基地"的评选从 2008 开始，至今共有 231 个单位获得该称号；2017 年，中国图书馆学会对此前已获得"全民阅读示范基地"称号的单位进行了全面复核。本书在通过复核的单位中选取了部分优秀图书馆，针对其阅读推广开展基本情况、主要工作、特点亮点、示范效果等方面进行介绍，以进一步展示全民阅读示范基地风采，供大家更好地了解全民阅读示范基地的整体概貌和发展历程。

阅读推广活动项目的品牌化、规范化管理是图书馆深入推进全民阅读的必由之路。为了挖掘和表彰优秀的阅读推广活动项目，阅读推广委员会 2017 年在全民阅读活动评选中增设了"阅读推广优秀项目"，对在 2016 年全民阅读活动中具备品牌效应和社会影响力，并有一定的示范作用和推广价值的优秀阅读推广项目进行表彰。本书附录部分"2016 年全民阅读活动'阅读推广优秀项目'选编"从总体思路、主要措施、解决的主要问题、示范作用和推广价值几个方面全方位地对"2016 年阅读推广优秀项目"进行展示与总结，为图书馆开展阅读活动提供参考借鉴。全民阅读事业的发展同样离不开理论的引导。阅读推广委员会在开展实践工作的同时，积极组织阅读推广理论研究工作。2016 年，阅读推广委员会面向全国组织开展了中国图书馆学会首次阅读推广课题的申报工作，得到广大图书馆工作者的热情响应，很好地调动和提高了他们开展阅读推广相关学术研究的积极性，也为阅读推广理论及实践成果提供了重要的展示平台。本书附录部分"2016 年阅读推广课题成果选介"对 2016 年中国图书馆学会阅读推广课题的部分优秀成果进行了推介。

全民阅读，图书馆一直在行动。2008—2017 年十年间，我国全民阅读事业由蓬勃发展的春天，步入了深化、提升的新阶段。站在新起点，面临新要求，图书馆的全民阅读工作迎来了新机遇，也面临着新挑战。本书对全民阅读示范基地、2016 年全民阅读活动"阅读推广优秀项目"以及 2016 年中国图书馆学会阅读推广课题项目的成果进行选编，既是对我国图书馆界十年来阅读推广活动先进经验的总结和展示，也为图书馆未来全民阅读事业的持续发展提供了思考和借鉴。全民阅读事业不会停步，图书馆的阅读推广工作也将一直在路上。阅读推广委员会在中国图书馆学会的领导下，将继续深化全民阅读的各种实践，将书香社会建设不断引向深入，创造出更丰富、更精彩的阅读文化，让阅读链接美好生活，推动全民阅读与文明创建工作迈上新台阶。

　　让我们携起手来，共同为阅读推广努力，齐力将全民阅读进行到底！

目 录

第一讲
省级公共图书馆选编

第一节　黑龙江省图书馆

一、图书馆简介

黑龙江省图书馆是国内创办最早的省级公共图书馆之一，始建于 1906 年，前身为黑龙江将军署学务处在齐齐哈尔市创办的图书馆。1954 年，原黑龙江省与原松江省合并为新的黑龙江省，1957 年在哈尔滨市筹建新的面积达 8600 平方米的省图书馆，1962 年 5 月新馆正式开馆。2003 年 10 月，现馆舍建成开放，建筑面积 33000 平方米，日均接待读者近 7000 人次，双休日及寒暑假高达 15000 人次。现有藏书 389 万余册（件），其中，中外文图书 302 万多册，古籍 13 万余册，报刊 40 万余册，缩微制品 29 万余件，视听资料 4 万余件，数字资源总量达 402.96TB。由于地缘关系，馆内藏有大量俄文、日文资料；收藏地方文献 2 万多种，集中反映了东北地区地况地貌、物产资源、工农业生产和风土人情。馆藏善本书 385 种 6602 册，其中后唐卷轴写本《大般若波罗蜜多经》、宋刻本《通鉴纪事本末》等 25 种馆藏珍品列入国家珍贵古籍名录。2008 年，黑龙江省图书馆被国务院命名为"全国古籍重点保护单位"，先后被授予"全国古籍重点保护单位""全国文明单位""全国文化系统先进集体""全国科学技术普及教育基地"等称号。2010

年被授予"全民阅读示范基地"称号。

图 1-1　黑龙江省图书馆全景

二、开展的全民阅读主要工作

（一）加强基础服务，提升服务质量

2017 年，累计接待社会各界读者 1903545 人次，办理读者卡 21467 张，外借书刊 891793 册次，提供课题服务 141 项，举办各类活动 957 次。移动图书馆访问量 23035 人次，龙江学习中心访问量达 13027 人次，网站发布信息 1222 条，官方微博发布信息 1204 条，微信公众服务平台发布信息 1225 条。采购图书 43368 种、118031 册，验收图书 38684 种、99508 册。基础业务稳步发展。

文献资源开发取得阶段性成果。扎实推进全省古籍保护及普查工作，顺利完成《黑龙江省珍贵古籍要览》《黑龙江省十家公共图书馆古籍普查登记目录》出版。同时，根据馆藏特色积极开展的《黑龙江省图书馆馆藏在华俄侨文献图录》编纂工作顺利推进。完成《黑龙江省图书馆馆志 1906—2011》撰写及出版，对黑龙江省图书馆百年历史进行了系统的梳理和记录。

打造创意交流和实践空间。"创客空间"设计施工完成，开始接待读者。为创业者搭建集文献、信息、资讯检索及产品展示于一体的综合性服务平台，实现创意制作、企业孵化、培训会议、法律咨询的整合一体化服务。

（二）创新服务品牌，丰富全民阅读活动内容

由黑龙江省图书馆创办的全国著名公益文化服务品牌"龙江讲坛"已走过十一载春秋，2017 年迎来了它的第 500 期，截至 2017 年 12 月累计组织 537 期，邀请国内外主讲嘉宾 400 余位，现场听众近 20 万人次。深入基层，辐射全省，走到省外，迈出国门，举办讲座 70 场，受众 1.5 万余人次。精雕细琢新型阅读模式——"真人图书"，目前真人图书已发展至 85 本，成功举办了 190 场活动，2017 年创新实现了部分真人图书活动的网络直播。

龙江书院自 2016 年 9 月开院以来，不断丰富传统文化活动内容和形式，积极打造优秀传统文化实践教育基地，被国家古籍保护中心评为"中华优秀传统文化教育实践基地"。日常开设古诗词吟诵公开课、龙江地方技艺公开课、茶道课程、古琴课程等，累计安排 91 门次课程，培训学员 1528 人次，引领社会公众对于传统文化和礼仪的回归。

统筹策划推出系列阅读推广活动。结合春节、世界读书日、寒暑假等读者量较大的时间段，开展名家系列、展览系列、少儿系列、特殊群体系列、网络系列等活动，进行有针对性的阅读推广活动，效果显著。围绕中国首位战地女记者张郁廉的传记《白云飞渡》，以读书会、共读时光、文化踏查等多种阅读推广活动形式，引领大众阅读，唤醒哈尔滨人的城市记忆。关爱特殊群体，针对未成年人、老年人、残疾人等群体的文化需求特点，开展形式多样的阅读活动，如"书香冬（夏）令营""小笨熊故事绘本课堂"等少儿活动，老年人智能手机培训班、盲人电脑培训班等系列培训活动。

（三）扎实深入基层，普惠全省基层群众

引领全省公共数字文化服务体系建设。全国首批开展"国家公共文化云"宣传推广培训，正式启动黑龙江省作为国家公共文化云试点省的工作。组织召开 2017 年黑龙江省公共数字文化建设与服务培训班，加强省数字图书馆人才队伍建设，促进资源产品与项目在全省的普遍应用与服务推广。

2017 年，推进并完成第一批"中西部贫困地区公共数字文化服务提档升级"项目黑龙江地区的任务，在望奎县建设完成 11 个乡镇服务点、20 个数字文化驿站，在泰来县建设完成 10 个乡镇服务点、20 个数字文化驿站。通过中国文化网络电视互动播出终端、手机 APP、中国文化网络电视微信公众号及国家数字文化网，全国现场直播"第八届中俄文化大集"开幕式。

积极推进特色数据库建设。完成《黑龙江流域的自然与文明》大型专题文献纪录片的制作工作，完成 40 集《黑龙江流域的自然与文明》微视频拍摄制作，以及 8 个地方特色专题库的封装、提交、验收工作。同时，黑龙江非物质文化遗产保护项目、黑龙江陆海丝绸之路、关爱龙江留守儿童等 4 个地方资源建设项目获批立项。

三、活动特点与亮点

（一）全省联动，打造品牌阅读活动

图 1-2 龙江故事大赛现场

黑龙江省图书馆承办的"阅读助力人生"全省诵读比赛已经持续开展 4 年，

面向省内农民、残疾人、未成年人等各类群体成功举办大型活动 10 余场。全省各级各类图书馆积极参与，在全省范围内广泛征集作品，已经发展成为推进全民阅读的品牌项目。2017 年，在原有基础上，黑龙江省图书馆又创新组织了"美丽龙江·幸福生活"龙江故事大赛，充分展现了龙江大地涌现出的优秀历史典故、历史人物、先进典型和感人事迹，进一步创新和丰富了龙江优秀文化资源及各级公共图书馆的阅读推广服务方式。该活动获得全民阅读年会优秀案例一等奖，这也是黑龙江省图书馆连续三年获此殊荣。

（二）稳步推进龙江书院的建设与发展

龙江书院作为中华传统文化宣传与实践基地，设计了与龙江历史、龙江文化等相关的课程与活动，围绕国学、国艺、国服、龙江历史、龙江技艺等，扎实推进各类课程与活动的有效开展。其中，古诗词吟唱公开课、古琴课程、茶道课程、剪纸课程等受到广泛好评，掀起龙江传统文化回归新热潮。龙江书院每年发布《家庭经典阅读书目》，邀请北大教授王余光等亲临书院评选年度书目，将阅读指导的触角延伸至每个家庭。

图 1-3 龙江书院活动现场

（三）惠及全民，普惠全省基层群众

黑龙江省图书馆是黑龙江省数字图书馆中心馆，2012 年率先建成了全省共享的公共数字文化云平台，拥有超大容量的分布式资源库存储、超大规模用户的访问能力，实现全年 365 天、每天 24 小时向全球提供多媒体存取、远程网络传输、智能化检索、跨库无缝链接等数字图书馆服务。搭建了联通全省地市、县区图书馆的 VPN（Virtual Private Network，虚拟专用网络），让全省基层图书馆所有读者免费共享省图书馆购买和自建的海量数字文献资源，成为全国"数字图书馆推广工程"第一个实现全覆盖的省份。

四、示范效果

黑龙江省图书馆扎实深入基层，强化业务辅导和技术支撑，普惠全省基层群众。举办全省诵读比赛，建立品牌阅读活动案例，组织全省基层图书馆共同举办诵读比赛，大赛组委会深入基层指导活动策划与开展，形成全省联动效应。与相关社会团体或个人开展活动性、项目性合作，如与黑龙江省新闻出版广电局、黑龙江大学文学院合作，开展"心幕影院"活动，为盲人讲电影，在保障残障人群阅读权利方面发挥了积极的作用，丰富了弱势群体的文化生活。

拓展传统文化服务空间，创办"龙江书院"，开拓了"图书馆＋书院"的新型模式，以寓教于乐的多种形式对龙江人民进行传统文化教育和经典文献推广，其成效的延展性很大。打造多种精品阅读品牌，在全省形成联动效应，极大地调动了全省人民对阅读的积极性，并以品牌活动为依托，带动其他活动进一步完善与发展。

在全省边境县、贫困县、重点旅游景区、边防部队、农垦农场、森工林业局建设流动图书馆分馆 79 个、数字图书馆分馆 72 个；在全国率先探索、自主构建了 3000 千米边疆数字文化长廊，在 7 个边境地市，18 个边境县的乡镇、村及边境海关、边境农场和林场、边防部队、边境派出所、边贸集市、旅游景区等公共场所建设了 1800 个数字文化服务点和数字文化驿站，实现了全省边疆公共数字文化服务的全覆盖。

第二节　湖南图书馆

一、图书馆简介

　　湖南图书馆是国家设立的省级综合性公共图书馆，是我国第一家以"图书馆"命名的省级公共图书馆。湖南图书馆积极致力于建设、完善公共文化服务体系，推进全民阅读工作。2011 年，荣获"全民阅读示范基地"称号。湖南图书馆始终坚持公益性，应用现代先进技术，创新阅读推广手段，努力打造服务品牌，推动全民阅读事业发展，进一步提升图书馆整体服务效能，推进全省阅读服务体系建设。

图 1-4　湖南图书馆外景

二、开展的全民阅读主要工作

　　2011—2017 年，湖南图书馆开展阅读推广活动累计达 28524 场，各类阅读推广活动的现场参与人数累计达 716 万人次，通过网络观看参与人数累计达 628 万人次。湖南图书馆已成为湖南省内阅读推广活动常态提供服务人次最多、效益最高的公共文化机构，成为优秀传统文化传承和弘扬的阵地。

（一）"湘图讲坛""品读会"等传统文化品牌持续发力，质量稳中有升，着眼专题策划，注重"名家效应"，拓展听众范围

2011—2017 年，以"湘图讲坛""品读会"为代表的讲座、读书沙龙活动累计举办了 1920 场，服务人数达 156541 人次。湖南图书馆与湖南省"三湘读书月"活动办公室、湖南大学、湖湘大学堂等社会机构广泛合作，围绕建筑学、教育学、文学、历史、艺术等多个主题开展活动，邀请郑小瑛、孟泽、柳肃、葛承雍、王立新、周秋光、张京华、罗宏、黄晓阳等著名专家、学者登坛布道。

图 1-5 湘鄂赣皖四省公共图书馆联盟开展巡讲活动

（二）分龄分众活动丰富多彩，注重节庆活动，推广少儿阅读，关注特殊群体，弘扬传统文化，满足多群体多元化需求

2011—2017 年，湖南图书馆共开展分龄分众阅读推广活动 2021 场，现场参与人数达 317 万人次，通过网络平台观看人数达 403 万人次。阅读推广部门以少年儿童分馆、老年图书馆、女子图书馆、艺术图书馆特色服务和活动为抓手，常年开展系统性的阅读推广活动，开展"湘阅一生"品牌活动、"E 路前行"外国

语文献阅读与分享计划、"开心读书会"少儿主题阅读活动，此外还有"阅读越开心"经典课堂、家庭教育、女性修养、老年保健、少儿手工等创意活动。同时，关注农民工、留守儿童、残障人士等特殊群体的阅读需求，提供知识扶贫和阅读援助，保障特殊群体的文化阅读权益。

（三）立足庞大的馆藏文献，充分挖掘馆藏，策划馆藏精品展览、鉴赏活动，弘扬古籍保护意识

图 1-6 "周敦颐诞辰 1000 周年纪念系列活动"启动式暨"千年一脉话濂溪"
——周敦颐诞辰 1000 周年学术论坛现场

2011—2017 年，湖南图书馆策划馆藏精品展览、鉴赏活动共计 371 场，现场参与人数达 206 万人次，通过网络平台观看参与人数达 225 万人次。成功举办了"无公则无民国　有史必有斯人——湖南图书馆馆藏黄兴书法手迹、照片、著述展"等大型馆藏精品主题展览，及"中华文脉赏册府珍藏——纪念周敦颐诞辰 1000 周年文献精品展暨专家访谈""清朝皇室书画及清四大书家作品真迹鉴赏会"等书画鉴赏活动。此外，还开展了古籍修复演示、拓片制作体验宣传活动，弘扬古籍保护意识，宣扬传统古籍修复技艺和中华传统文化。

（四）以"湘图百姓课堂"品牌活动为代表的社会教育培训，不断拓展社会教育职能，推动社会教育服务常态化、多样化

2011—2017 年，湖南图书馆举办社会教育培训共计 24212 课时，服务人数达 37 万人次。品牌活动"湘图百姓课堂"采用零门槛、纯公益模式，科学设计课程，形成完善的培训机制。至 2017 年，湖南图书馆共设立 1035 门课程，社会影响力指数不断攀升，荣获第五届湖南艺术节项目类三湘群星奖。此外，电子阅览室围绕信息检索技能、乐享网络生活、计算机知识培训、现代信息技术体验四个主题，策划组织信息素养公益课。

（五）与时俱进发展数字阅读，巩固新媒体平台，完善自建网络平台，展示丰富的精品数字阅读资源，开展数字图书馆推广活动

2011—2017 年，湖南图书馆数字资源的访问量累计达 1 亿，数字资源利用量达 3964 万人次。自 2014 年开通微信公众号以来，全年 365 天无间断进行信息推送，阅读数超过 1000 万，目前拥有粉丝达 17 万人，稳居全国图书馆行业微信公众号排行榜榜首和湖南省政务类公众号排行榜前列。湖南图书馆先后开发天下湖南网、弘文知识社区等数字阅读平台，购买、自建了多种精品数字阅读内容，与中国知网、龙源期刊网、超星、读秀等多家公司合作，提供海量数字资源。此外，湖南图书馆多年来致力于馆藏精品文献的数字化，如古籍善本、家谱、民国报纸等的数字化工作。同时，工作人员赴湖南各市（州）基层图书馆开展"春雨工程·网络书香边疆行"数字图书馆阅读推广活动，运用、融合多媒体终端、交互智能设备推广数字阅读，推送国图公开课精品资源，特邀知名学者探讨基层公共数字文化建设与服务。

三、活动特点与亮点

（一）积极应对全媒体时代的挑战，活动策划充分结合社会热点、读者关注点、市民需求点，深化分龄分众服务内涵，推广全民阅读理念

2013 年，湖南图书馆打造了全国首家公共女子图书馆和全省首家老年图书馆，并于当年 4 月份正式挂牌开放，艺术图书馆于当年 12 月正式挂牌开放，针对各类型的读者开展阅读推广活动。在活动常态化的同时，注重"质"与"量"

的统一，真正为不同年龄、不同性别和不同需求的读者提供更高品质的专题性和多样性的服务。

（二）关注农民工、留守儿童、残障人士等特殊群体的阅读需求，提供知识扶贫和阅读援助，保障特殊群体的文化阅读权益

坚持为视障读者提供送书上门、免费办证、导读等服务，2014年策划组织"文化助盲　游园伴读"第31届国际盲人节活动，开展"名著诵读""为盲人讲电影"等活动；开展留守儿童基础阅读工作，2017年在湖南省浏阳市普迹镇中心小学、安化县滔溪镇中学开展以推广传统文化、分享知识乐趣的爱心支教活动；坚持送书下乡活动，在建筑工地举行"传递书香　文化暖心"关爱农民工文化志愿者活动，解决进城务工人员的阅读问题。

（三）传统讲座品牌立足长远，创新尝试"走出去"战略，推陈出新，借助社会合力，文化服务辐射范围延伸至省外

"湘图讲坛"率先开通了省内公共图书馆系统在线讲座直播，打破场地限制，并依托湘鄂赣皖四省公共图书馆联盟举办"湘鄂赣皖四省巡讲"活动，将文化服务辐射范围延伸至省外。2017年，策划与"106.9年代音乐台"合作，制作《湘图馆藏》节目，通过介绍馆藏，打造"湘图讲坛"电台微讲坛，增强社会影响力。

（四）巩固新媒体微信公众号平台，打造不下线的数字阅读服务

湖南图书馆微信公众号在"城市服务"版块开通馆藏图书查询功能，成为湖南首家、全国前列上线的微信城市服务图书馆，打造不下线的数字阅读服务。

（五）数字阅读创新服务方式，拓宽服务领域

2016年"4·23世界读书日"期间举办了"数字阅读进机关、进社区、进学校、进企业、进军营、进农村"活动启动仪式，全面启动移动电子书刊借阅服务，在湖南省人大、湖南省委、省政府、省政协等党政机关和高铁候车室、机场等场所配备电子书刊借阅机18台，拓展党政机关干部职工和社会各界的阅读空间，与湖南省委组织部、省纪委、省监察厅开展合作共建"学习型机关"活动，推广数字阅读方式，服务社会各群体读者。

四、示范效果

湖南图书馆作为全民阅读的主要阵地，开展的各类阅读推广活动均受到社会各界的广泛关注与高度评价。2011—2017 年，有关湖南图书馆阅读推广活动的媒体报道累计达 5030 次。主流媒体湖南卫视、湖南经视、《湖南日报》《潇湘晨报》《中国文化报》《图书馆报》的报道加强了全民阅读活动的推广力度。

推进全民阅读活动需要全社会的共同努力，湖南图书馆在开展全民阅读活动过程中，注重组织引导社会各方力量共同参与全民阅读工作，加强与各种社会机构的合作。在合作类型方面，除了传统的如湖南省社科联、湖南大学岳麓书院、中南大学文学院、湖南文艺出版社、湖南少年儿童出版社、麓山学社读书会等，还积极与省内文化传媒公司、民间文化机构合作，通过形式多样的合作共同营造全民阅读氛围。

第三节　吉林省图书馆（吉林省少年儿童图书馆）

一、图书馆简介

吉林省图书馆成立于 1909 年，馆舍设在当时的吉林省府所在地吉林市。中华人民共和国成立后，随吉林省省会于 1954 年迁至长春市，吉林省图书馆选址在新民大街 1162 号，于 1958 年建成并试运行，1960 年正式开馆。2008 年 9 月，吉林省委、省政府决定移址建设新馆，2010 年 8 月开工建设，2013 年底新馆建成，2014 年 9 月 28 日正式开放投入试运行。

吉林省图书馆新馆坐落于长春市人民大街 10055 号，总建筑面积 53713 平方米、总占地面积 4.47 万平方米，地下一层，地上五层，设计使用年限 100 年。藏书规模为 500 万册、阅览座位 3000 个、网络结点 4000 个、日均接待读者能力为 6000 人次。

图 1-7　吉林省图书馆外景

二、开展的全民阅读主要工作

（一）举办公益讲座

吉林省图书馆的公益讲座始于 1995 年。经过不断探索和提升，公益讲座的影响力不断扩大，得到了越来越多社会机构的关注，目前主要有以下 4 种类型。

1. 文化吉林讲坛

文化吉林讲坛是由吉林省图书馆主办，以历史、文学、吉林地域文化等为主要内容的公益讲坛。

2. 吉林社科讲坛

吉林社科讲坛是由吉林省社会科学界联合会与吉林省图书馆共同主办，以政治、时事、经济、人文为主要内容的公益讲坛。

3. 城市规划大讲堂

城市规划大讲堂是由吉林省图书馆与长春市城市规划设计院共同主办，以城市发展、规划为主要内容的公益讲堂。

4.普法大讲堂

普法大讲堂是由吉林省图书馆与吉林省司法厅共同主办，以普及法律知识为主要内容的公益讲堂。

集公益性、知识性及学术性于一体的吉林省图书馆公益讲座，已成为吉林省图书馆的品牌活动，其所承载的历史文化责任，所弘扬的科学精神、科学水平和科学态度，已经融入吉林百姓的精神生活和城市文化建设与发展之中，成为知识传播、文化传承、文明延续、思想升华的平台。

（二）搭建吉林省公共文化交流推广平台

吉林省图书馆、吉林艺术学院、吉林人民广播电台三个吉林省文化领域重要的平台建立合作，通过整合彼此的场所、艺术、宣传等公共平台资源，共同谋划、共同出资、共同承办省内公益演出活动，丰富全民阅读内容。

（三）创办"天下书香"读书会

"天下书香"读书会是以吉林省图书馆、吉林省全民阅读协会为主要载体，以吉林省著名作家、学者与大众分享中外经典好书为主体内容，面向社会吸纳各地图书馆、书屋、学校、企业、机关加盟的高品质读书会群。

（四）开展展览展示活动

展览作为公共图书馆的基本功能，深受读者喜爱。吉林省图书馆充分整合社会资源，合理优化配置，采取自主、联合等方式与图书馆界及相关社会团体联合举办展览。

（五）举办传统文化活动

1."迎新春 送春联""闹元宵 猜灯谜"

此项活动是吉林省图书馆为弘扬中华传统文化，丰富市民文化生活，增添节日气氛，开展了十余年的传统文化活动，每年都会吸引众多的市民。

图 1-8　2017 年"迎新春 送春联"活动现场

2. 举办"端午诗会"

该活动借助经典诗歌诵读来传承和弘扬中华优秀传统文化，传播传统节日文化内涵，增强人们对民族文化的认同感和自豪感。

（六）举办电影展播活动

利用数字电影院、4D 影院，选取优秀资源开展数字电影展播、4D 电影体验活动，丰富了阅读内容，拓展了阅读方式。

（七）针对未成年人开展系列活动

针对未成年人打造"青青草"品牌，除"青青草网站"（www.jlqqc.com）为未成年人提供文化服务之外，还举办"青青草"系列活动。

1. 青青草大（小）讲堂

该活动邀请吉林省名校名师担任大主讲人为孩子和家长们讲授一些他们关心的热门话题。通过为孩子们开办讲座，使孩子们的思想境界得到提高；通过为家长们开办讲座，使家长在孩子思想道德教育中发挥他们应有的作用。

图1-9　青青草大（小）讲堂活动现场

2."青青草杯"原创作品大赛

该活动每年依托"青青草网站"，面向全省青少年举办原创作品比赛，征集绘画、书法、作文、剪纸、手工等作品，并选出精品进行展出，至2017年已经举办14届。该活动为孩子们提供了展示才艺的平台，增强了他们对于艺术的追求和热爱。

3.青青草科普沙龙

该活动由老师利用教具为孩子们进行科学知识的讲解，然后由孩子们分组组装相应器具，既锻炼了孩子们的动手能力，又提高了孩子们的团结合作意识。

4.青青草音乐沙龙

该活动将多种文化元素融入音乐，通过亲子游戏的方式让孩子们不仅学到了音乐知识，而且也学到了音乐之外的知识，同时也增进了亲子关系。

5. 青青草故事沙龙

该活动由吉林省图书馆的工作人员担任故事讲师，他们穿上道具服装，扮成不同的角色，绘声绘色地将故事情节展现在孩子们面前。在活动中，故事讲师不断与孩子们进行互动，启发孩子们的思维和想象力，让孩子们轻松自然地学到知识。

除"青青草"系列活动之外，实践类活动"亲子图书管理""书海寻宝"，针对特殊群体的"诺亚方舟"系列活动，针对农民工子女的"学生书房建设""作家进校园""农民工子女书画精品展"等活动，成果也较为显著。

三、活动特点与亮点

（一）加强社会合作，共同推进全民阅读

吉林省图书馆近年来与中国国家图书馆、上海图书馆、南京图书馆、中共吉林省委宣传部、吉林省军区政治部、吉林省政府文史研究馆、吉林省社会科学界联合会、吉林省美术家协会、吉林省书法家协会等多家单位合作，优化资源，发挥优势，共同举办讲座、展览、演出等活动，有效地推进了全民阅读活动的开展。

（二）利用先进平台，丰富全民阅读内容

吉林省图书馆利用网站、官方微信平台、数字阅读设备、数字影院、4D影院等平台，向公众提供形式多样、内容丰富的阅读资源，有效地丰富了全民阅读内容。

（三）发挥引领作用，带动全省阅读活动

吉林省图书馆通过微信端展览、吉林省公共图书馆换书大集、全省朗读比赛等，有效带动全省公共图书馆全民阅读活动的开展。

（四）关注特殊群体，彰显阅读服务平等

为了让更多的外来务工人员子女能够汲取书中的营养，健康快乐成长，吉林省图书馆依托外来务工人员子女阅读基地，在省内地处偏远、书籍匮乏的外来务工人员子弟学校或留守儿童相对较多的学校建立学生书房80余家，定期进行文献补充。还积极开展"作家进校园""展览进校园""吉林省外来务工人员子女书画精品展"

等活动，为孩子们搭建文化交流、展示才华的平台，让外来务工人员子女能够充分享受到与城里孩子一样的文化服务。

四、示范效果

（一）带动省内社会团体、组织开展全民阅读

通过与社会团体、组织合作，为他们提供了服务社会的平台，吉林省图书馆有效提升了合作单位的社会影响力，满足了群众多领域的文化需求。

（二）带动吉林省公共图书馆开展全民阅读活动

通过在吉林省公共图书馆开展展览、朗读比赛、换书大集等活动，吉林省图书馆有效地带动了吉林省基层图书馆全民阅读活动的开展，弥补了基层图书馆资源缺乏、影响力有限的缺憾。

（三）带动吉林省基层图书馆推动未成年人阅读服务

通过开展吉林省范围内的针对未成年人的展览、比赛、培训等活动，吉林省图书馆带动基层图书馆，使他们能够积极参与活动，在本地区范围内通过阅读活动带动阅读服务，通过阅读服务营造阅读氛围，使吉林省的未成年人阅读服务呈现出一个以点带线、以线带面的格局。

第四节 首都图书馆

一、图书馆简介

首都图书馆是北京市属大型公共图书馆，北京市委、市政府及市文化局对首都图书馆的发展予以高度重视，在馆舍建设、经费投入、业务建设等方面都予以大力支持。多年来，首都图书馆以"大开放、大服务"为理念，扎实推进基础业务工作，不断开拓服务领域，深化服务品牌建设，积极采用现代化技术与手段不断提升服务效能，大力推进公共文化服务体系建设，努力打造北京市公共图书馆

服务新业态。

首都图书馆常年举办各种讲座、培训、展览等阅读推广活动,活动内容丰富、形式多样,每年都吸引近百万人次参加。精心打造出"首图讲坛""阅读北京""红领巾读书活动"等多项品牌服务,并于2009年获得"全民阅读示范基地"称号。同时,首都图书馆还依托北京作为全国文化中心的特殊地位,与文化部及外国使领馆合作,每年组织多场大型国际文化展览,极大地提高了首都图书馆的国际知名度和阅读推广活动的多样性。

图1-10　首都图书馆外景

二、开展的全民阅读主要工作

(一)"首图讲坛"

"首图讲坛"是首都图书馆的大型讲座品牌,下设"乡土课堂""尚读沙龙""社科讲堂""首都科学讲堂""成长课堂"等多个系列,每年向社会策划推出高品质公益讲座200余场,现已累计推出3000余场讲座及1000多场讲座视频惠及民众。主题化、系列化是其主要特征。其中,围绕文化热点及市民需求推出的"走进故宫""百年学脉""博物阅读季"等 20 余项高端系列主题讲座对标卓越。此外，"首图讲坛"通过参观、展览等多种方式辅助讲座开展，自 2003 年以来，"首图讲坛"陆续结集出版了《熟悉·陌生——北京城》《听道》《书香致远》《走进皇家坛庙》等 10 余种图书成果，深入推广讲座内容。"首图讲坛"每周举办 2~3 场，定时定点到首都图书馆参加讲座已成为许多市民的生活习惯。

（二）"北京记忆"

"北京记忆"是国内第一个地域文化大型多媒体数据库，是具有北京地方特色的文化资源网站，它详尽展现了北京建城 3000 多年的发展轨迹，立足于保存、弘扬北京历史文化遗产。"北京记忆"已成为海内外研究北京历史文化的著名网站，受到专业研究人员及北京文化爱好者的好评，并受到了文化部的表彰。2017 年，首都图书馆对其进行了升级，网站在技术方面得到很大提升，内容上也增加了很多新栏目，并且加强了网站与读者、市民的互动。

（三）"首图动漫在线"

"首图动漫在线"是国内首个公共图书馆具有自主知识产权、面向广大未成年人的绿色文化品牌，把青少年成长过程中所需的知识、技能、思想道德内容等融于动画片中，吸引和教育未成年读者，开国内公共图书馆之先河。

（四）"共享工程"

"共享工程"是 2008 年底北京市建成的文化信息资源共享的市—区县—街道 / 乡镇—行政村四级共享工程服务网络，开创"北京模式"，即广播电视播存模式，实现数字信息服务，多途径、多渠道地推送优秀资源，推进城乡公共文化一体化。"共享工程"建立起各种资源之间的关联，提供了一站式的学习空间，成为市民学习的新课堂。

（五）"北京市红领巾读书活动"

"北京市红领巾读书活动"是由首都图书馆承办的全市性红领巾读书活动，涉及全市 18 个区县，每年有 40 多万名少年儿童参与，是坚持 30 年成就未成年人成长的校外课堂经典品牌。

（六）数字文化社区

通过网络建设、平台建设、资源整合等全面提升社区文化中心（站、室）的服务功能，创建多媒体、跨平台、多终端的数字文化社区服务平台，整合多渠道的文化信息资源，打造融信息查询、艺术欣赏、文化传播、交流互动为一体的公共文化数字新平台。

（七）阅读北京

由北京市委宣传部、北京市文化局主办的"阅读北京 品味书香——首都市民阅读系列文化活动"是在整合北京市公共图书馆阅读推广工作资源的基础上，通过打造全市性阅读系列文化活动，丰富北京市民的精神文化生活，引领广大市民关注阅读、参与阅读、热爱阅读，提升阅读素养。包括"心阅书香 共读共享"诵读大赛，"阅读伴我成长"主题活动，"阅读之城——市民读书计划"图书评选活动，"十佳优读空间——百姓身边的基层图书室"推优活动，"最美书评"征集评选活动。

图 1-11 北京市委宣传部、北京市文化和旅游局主办，首都图书馆和北京市各区图书馆承办的"阅读北京——2017 年度首都市民阅读系列文化活动"展演节目现场

（八）"一卡通"服务

"一卡通"服务为北京市构建起互联、共享、便捷的北京市公共图书馆服务体系，让市民突破时间和空间的限制，便捷高效地使用图书馆各类型文献信息资源。它实现了全市各级公共图书馆的联合检索、馆际互借、资源共享和图书"一卡通"服务，截至 2017 年底，网络已覆盖 22 个区图书馆、187 家街道乡镇级图书馆及部分社区（村）图书馆（室）。

三、活动特点与亮点

（一）利用多种途径，使用多种媒体，做好"阅读北京"的宣传工作

在"阅读北京"项目中，首都图书馆根据实施方案和相关财务制度的要求，通过公共招标的方式将部分"阅读北京"项目中部分宣传推广业务进行了委托。图书馆从整体方案、细节要求、推广效果等方面进行把关，加之专业的社会化运作，宣传效果大大增强。

"阅读北京"重在突出公共图书馆体系的资源优势、人力优势、策划组织优势，重点增强首都的城市阅读氛围，通过实现"五个一"，即搭建一个阅读平台，推荐一批优秀图书，组建一支基层"领读者"队伍，打造一个阅读活动品牌，推广一批示范基层图书馆的方式，提升公共图书馆的文化服务能力和社会效益，为推进首都文化中心建设提供支持。活动覆盖各年龄层人群，具备互动性、参与性和分享性，吸引了数百万市民参与到"阅读北京"的各项活动中。

2017 年，全市诵读大赛在北京市 23 个公共图书馆设置现场初赛，17 个图书馆设置朗读亭，开辟网络赛区，接受作品上传。在初赛阶段，以"寻找领读者"为主题，通过搭建北青网官方活动平台、腾讯优酷视频专区、投放 7 天 21 次北京电视台电视广告、3 次 H5 制作、6 条地铁线投放 7 天滚动视频广告、64 栋写字楼投放 7 天视频广告、2 次"新闻早报"广播推送、7 次微信自媒体推送、16 次微博媒体推送、5 家纸媒和 21 家网络媒体发稿、今日头条等 4 家客户端推送等手段，号召市民关注并参与诵读大赛，公众号单篇文章阅读量最高达到 3 万次，反响良好，初赛报名者共计 3183 人，共计 1008 个参赛作品。《阅读北京"我是领读者"》特别节目于 2017 年 12 月 17 日在北京电视台生活频道播出。节目由阿

龙主持，邀请著名文化学者、北大中文系教授张颐武，北京电视台主持人、首都图书馆文化志愿者姜华担任点评嘉宾。节目通过 VCR 和访谈的形式，展现了 6 组领读者的阅读故事，该节目收视率达 0.27%，高于同类诵读访谈节目。

（二）紧跟时代脉搏，把握国家大政方针，策划推出多个时政宣传系列主题展览，以线上展览和巡展的方式扩大展览的文化覆盖范围

2017 年度，推出了"悦读阅美——2016 年请读书目"展、"坐上贝格尔号，驶向书中的博物世界"主题展、"释放从严治党最强音——三大亮点、十二大关键词解读十八届六中全会"主题展览、"扬帆起航——学习和贯彻中国共产党北京市第十二次代表大会精神"主题展、"新时代新征程新篇章——聚焦党的十九大"主题展共计 6 场次，参观人数约 60 万人次。此外，还积极推荐首图展览在北京市公共图书馆、北京地区高校图书馆进行巡展，将"一带一路"展览推介到河北省图书馆及新疆维吾尔自治区近 20 家公共图书馆。

图 1-12 首都图书馆联合《北京日报》于首都图书馆连廊展出"新时代新征程新篇章——聚焦党的十九大"主题展

四、示范效果

北京市公共图书馆服务体系已实现市、区县、街道、乡镇的全覆盖。北京市现有"一卡通"成员馆 206 个，包含龙头馆（首图）1 个，区级总馆 19 个（含少儿），街道（乡镇）分馆 186 个，其中"通借通还"馆 133 个。全市 331 个街道（乡镇）中，已有 166 个设立"一卡通"成员馆。该网络依托"北京市公共图书馆计算机信息服务网络工程"和"全国文化信息资源共享工程"，采取统一业务规范、统一服务标准的方法，通过联合检索、通借通还、数字资源共享、全民阅读活动等服务手段，使市民享受到了公益、基本、均等、便利的文化服务。首都图书馆建立统一服务平台，有效解决了各级、各类图书馆及广大读者的文献需求，联合为市民开展了多项读者活动，活动形式涵盖讲座、报告会、诵读会、展览等。其中，换书大集、9 月读者周等联盟品牌活动均得到社会各界的广泛好评。

第五节　浙江图书馆

一、图书馆简介

图 1–13　浙江图书馆曙光路总馆馆舍外景

浙江图书馆秉承公益原则、平等理念，致力于全民阅读推广服务。实行全年免费开放，设置阅览座位 1500 席。截至 2017 年，浙江图书馆馆藏文献 690.6 万册（件），以珍贵古籍丰富、地方文献齐全为特色。馆藏雕版 18.7 万件，馆藏电子图书 254.5 万册，发布数据库 170 余个，其中包括以浙江家谱、地方志等特色资源为主题的自建库 30 个。浙江图书馆注重外文文献入藏，与美国、日本、澳大利亚等国家和地区的 12 个图书馆保持书刊交换关系。2017 年开架中外文书刊 140.4 余万册，日均接待读者 7600 余人次；累计发放读者证 38.8 余万张；年网站点击量 1956.3 余万人次。整合全省公共图书馆资源开通"浙江网络图书馆"，提供覆盖全省的公益性数字阅读服务，年访问量 1257.2 万人次。推出浙江省公共数字文化移动服务平台"浙江文化通"，利用微信公众号和支付宝服务窗，在移动终端实现文化讯息查询、书目检索、办证、数字阅读等公益便民服务。形成"文澜讲坛""文澜展窗""文澜读书""文澜社会大课堂"等多个读者活动服务品牌。

二、开展的全民阅读主要工作

（一）加大阅读产品供给

2015 年以来，浙江图书馆新增入藏实体文献 84.1 万册（件），新增数字资源 65.5TB。至 2017 年底，馆藏实体文献达 690.6 万册（件），数字资源总量达 137.3TB，包含外购资源 116.07TB，自建资源 21.25TB，其中电子图书藏量达到 254.5 万册。启动民间文献征集工作，继续开展浙江地方人物著作签名本征集活动，三年来征集地方文献 8200 余种，共计 1.1 万余册。做好古籍修复与保护工作，2015—2017 年修复馆藏古籍 3.87 万叶（张）。进行可移动文物普查，完成可移动文物普查 5.5 万套（件），完成馆藏 82.2 万册（件）古籍的普查工作。

（二）打造全省阅读品牌

自 2005 年，浙江图书馆开始举办浙江省未成年人读书节，倡导未成年人多读书、读好书，培养良好的阅读习惯。2014 年以来，每年开展浙江省公共图书馆文化礼堂双百活动，着力打造农民群众精神家园。2016 年推动浙江省全民阅读系列活动深入开展，推出"4·23 图书馆之夜"等 10 个系列阅读活动。2017 年在继续联合浙江省各级公共图书馆举办"图书馆之夜"、发布浙江省公共图书馆阅读报告等活动的基础上，首次联动浙江省 65 家公共图书馆举办"阅读马拉松挑战赛"，浙江省3000余名读者在同一时间共读一本书。整合浙江省公共图书馆资源开通"浙江网络图书馆"，提供覆盖浙江省的公益性数字阅读服务。推出浙江省公共数字文化移动服务平台"浙江文化通"，在移动终端上实现文化讯息查询、数字阅读等公益便民服务。以上浙江省阅读品牌社会影响力广泛，浙江省上下形成纵横联动的局面，营造了书香浓郁的人文景观。

图1-14　2017年4月23日，浙江省公共图书馆举办首届阅读马拉松挑战赛

（三）开展丰富多彩的阅读活动

浙江图书馆紧扣时代主旋律，围绕中国共产党成立95周年、纪念中国工农红军长征胜利80周年、中共十九大的召开等重大主题开展读者活动，近三年共举办各类读者活动1600余场次，参与读者170.2万人次，其中2017年举办896场次，参与读者122.5万人次，较2016年分别增加60.3%和326.8%。加强"文澜"服务品牌建设，提升"文澜"品牌质量内涵。从2013年开始新设"文澜社会大课堂"活动品牌，为广大读者开辟了一个全新的学习平台。"文澜朗诵公开课"作为其精品课程，针对朗诵爱好者定期开课，并选拔优秀学员加入文澜朗诵团，开展朗诵艺术实践活动。2015—2017年，浙江图书馆共举办"文澜"系列

读者活动近 400 场, 其中"文澜讲坛"170 余场,"文澜读书"100 余场,"文澜社会大课堂"60 余场,"文澜展窗"40 余场。活动开展至今, 已形成良好的读者口碑与社会影响。

(四)深化特殊人群阅读推广

浙江图书馆牵头举办"浙江省未成年人读书节", 每年策划一个主题, 2017 年以"感受语言魅力, 向国学经典致敬"为主题开展各类活动 1200 余场, 有近 100 万人参与。开展"书香传家, 阅读继世"浙江图书馆"60+ 阅读"计划, 开展晨读会、茶文化讲座等多种形式的活动。开展"数字时代我们一起前行——老年人信息素养提升活动", 免费开展计算机、手机等新信息技术培训。深化视障读者服务, 2011 年建成"浙江省视障信息无障碍服务中心", 为视障读者提供阅览、培训、讲座、口述电影等文化阅读服务, 开展面对面朗读、送书上门、远程传递等个性化服务。搭建浙江省视障信息无障碍服务联盟, 建立有声数据库, 开通盲用文献馆际流通, 推动浙江省视障信息无障碍服务工作。举办国际盲人节公益活动、"心阅"读书会、知识竞赛等读者活动, 服务常态化、品牌化, 年参与读者逾 1200 人次。残障人士文化阅读服务受到了各级媒体的关注, 产生了良好的社会效应。

三、活动特点与亮点

(一)创新服务手段, 数字阅读提质增效

浙江图书馆联合浙江省 11 个市级公共图书馆发布浙江省公共图书馆"互联网 +"行动计划并深入实施, 与支付宝、微信平台合作, 实现远程办证和小额费用的移动支付。完善支付宝服务窗、微信服务号等客户端服务平台, 集图书到期提醒、活动发布、数字资源访问、服务数据可视化显示、数字阅读等功能于一体。借助互联网和物联网技术打造"U 书"快借线上借阅平台, 实现省域内的"你选书, 我买单", 丰富阅读产品供给模式。浙江省公共数字文化移动服务平台——"浙江文化通"客户端 2017 年下载安装量达到 2.7 万个, 年用户访问量达 382.9 万余次。浙江网络图书馆 2017 年访问量达 1159.6 万次, 电子图书阅读达 55.4 万次, 电子期刊下载达 567.4 万篇。

（二）引入社会力量，助力阅读推广

浙江图书馆成立浙江省文化志愿者总队浙江图书馆支队暨浙江图书馆文化志愿者团队，常年招募和安排志愿者参与阅读推广、读者活动协助、培训辅导等服务。"浙江图书馆文化志愿者团队"和"浙江图书馆爱心助盲志愿者团队"入选文化部"2016年文化志愿服务团队名单"。"触摸天堂"阅读文化助盲志愿项目入选文化部"2016年基层文化志愿服务活动典型案例名单"，荣获团中央、中国青年志愿者协会授予的"第十一届中国青年志愿者优秀项目奖"。

四、示范效果

（一）全省联动示范，社会口碑良好

图1-15　2016年3月1日，浙江省文化厅召开新闻发布会，启动浙江省公共图书馆全民阅读节系列活动

"4·23"图书馆之夜、浙江省公共图书馆年度阅读报告、文化礼堂双百活动、浙江省未成年人读书节等全省性阅读活动，浙江文化通、浙江网络图书馆等面向浙江省的阅读服务平台，"文澜讲坛""文澜展窗""文澜社会大课堂"等系列品

牌活动，已形成了良好的社会影响力，并带动了全省公共图书馆阅读推广活动的开展。各类媒体纷纷报道了浙江图书馆历次阅读推广活动，2015—2017 年分别收集到有关浙江图书馆的媒体报道 452 条／篇、469 条／篇、764 条／篇。

（二）向基层延伸，打通公共文化服务"最后一公里"

2014 年以来，浙江图书馆发起并联合浙江省百家公共图书馆统一行动，携手推进"文化惠民书香礼堂——浙江省公共图书馆走进农村文化礼堂'一对一'服务计划"。"双百活动"每年一个主题，通过这些活动，把文化礼堂打造为集教育、娱乐、礼仪、民俗传承为一体的农村公共文化空间。

探索乡村级图书馆建设，2015 年浙江图书馆首个村级分馆——淤上村分馆开馆，2016 年第二家村级分馆——龙游县沐尘村分馆建成开放。分馆集图书借阅、报刊阅览、电子阅览多种功能于一体，与浙江图书馆互联互通，具有积极的示范和引领作用，受到当地居民和各级政府部门领导的好评。

第二讲
副省级公共图书馆选编

第一节　哈尔滨市图书馆

一、图书馆简介

哈尔滨市图书馆于2013年10月获得中国图书馆学会授予的"全民阅读示范基地"称号,2017年10月通过了中国图书馆学会"全民阅读示范基地"的复核。同时荣获"黑龙江省十佳阅读推广组织""哈尔滨市全民阅读活动示范基地"的称号。

图 2-1　哈尔滨市图书馆外景

　　哈尔滨市图书馆始建于 1926 年，历经中华民国时期、伪满州国时期、中华人民共和国建立之前等重要历史时期，藏有珍贵的历史档案资料。中华人民共和国成立后经过文献分流重组，哈尔滨市图书馆于 1950 年 10 月 1 日再次正式开馆，1987 年新馆在南岗区学府路 49 号破土动工，1991 年 1 月 22 日落成开放。2003 年，哈尔滨市图书馆对馆舍进行扩建、维修和消防改造，扩建后总建筑面积达 20500 平方米（含目前处于闭馆状态的儿少馆和外借分馆）。目前，哈尔滨市图书馆拥有 30 家汽车图书馆流动站和分馆、7 家农民工子弟校图书流动站，形成了以哈尔滨市图书馆为总馆、4 个区级图书馆（南岗、香坊、阿城、双城）为中心分馆、46 个社区图书馆为基层馆的总分馆三级公共文化服务体系。已实现咨询、借阅、典藏、阅读推广活动一体化服务，拥有"哈尔滨讲坛""总分馆""汽车馆""优秀读者评选""心目驿站——助盲志愿服务""数字资源共享工程""全民阅读推广品牌一书·一城""雪孩子阅读成长计划""喜阅购借""家庭阅读大赛"等多个服务品牌。

图 2-2　哈尔滨市图书馆与哈尔滨市新华书店联合推出"喜阅"购借阅读活动

二、开展的全民阅读主要工作

哈尔滨市图书馆认真贯彻落实中国图书馆学会关于开展"全民阅读"工作通知的文件精神，按照《文化部、财政部关于推进全国美术馆、公共图书馆、文化馆（站）免费开放工作的意见》，结合 2017 年 3 月 1 日起开始实施的《公共文化服务保障法》和 2018 年 1 月 1 日起开始施行的《公共图书馆法》的规定，围绕全民阅读活动主题，开展多种形式、卓有成效的阅读推广活动。哈尔滨市图书馆先后获得全国文化工作先进集体，读者喜爱的图书馆，全国巾帼文明岗，市政府第 28 届、第 32 届、第 35 届劳模先进集体，省级文明单位，全国家庭亲子阅读体验基地，黑龙江省全民阅读组织工作先进单位等多项荣誉，阅读示范基地起到引领阅读的作用。

（一）开展全民阅读活动，打造书香冰城

1. 强化基础业务建设，保障全民阅读活动顺利开展

坚持"以现采为主、预订为辅"的原则，科学采访文献，为全民阅读活动的开展储备资源，截至 2017 年，哈尔滨市图书馆总藏量达到 340.7 万册（件）。

2. 提升公共文化服务效能，助推全民阅读活动有序进行

秉承"读者第一，服务至上"的办馆宗旨，以目标为导向，圆满完成各项文化基本服务指标；以文惠民，以文化人，提质增量，完善公共文化服务体系。

3. 开展多种主题活动，发挥阅读基地引领示范作用

利用"世界读书日""图书馆服务宣传周"等图书馆行业节日，春节、"学雷锋日"、"五四"青年节、"科技周"、"六一"儿童节、"文化遗产日"、端午节、"全国科普日"、中秋节、国庆节、"国家公祭日"等国家规定的纪念日、节假日，以及"两会"等热门话题，举办各类讲座、展览、主题演讲、经典诵读、读书征文、知识竞赛等丰富多彩的主题阅读活动，打造"书香哈尔滨"，发挥示范基地引领阅读的作用。

4. 加大人才队伍培养力度，提升阅读推广人专业素养

专业人才是提升阅读推广水平的重要保障，通过选派青年馆员参加论坛、邀请业界专家讲座等形式，加强学术交流和人才培养工作，提升阅读推广工作专业

能力。2017年7月28日，南京图书馆副馆长许建业到哈尔滨市图书馆进行参观访问，并作了题为《公共图书馆阅读推广实务——以南京图书馆系列阅读活动为例》的学术交流，馆员们受益匪浅。

5. 以宣传为重要辅助手段，烘托全民阅读氛围

充分利用哈尔滨市图书馆网站、微信、微博等进行阅读工作与阅读活动的宣传，对围绕全民阅读开展的一系列活动做到提前告知、事后宣传。利用平面媒体、电视节目、报纸等传统媒体形式，以及网络媒体、手机媒体、APP和自媒体等新媒体形式进行全方位的宣传推广工作，扩大图书馆影响力，营造全民阅读氛围。

（二）关注特殊群体，让阅读活动遍地生花

1. 文化助盲活动有声有色

2004年5月，哈尔滨市图书馆设置了盲文图书专架和残疾人阅览座席，2005年12月筹建了黑龙江省第一家视障读者阅览室，持续开展送书上门服务，开创了黑龙江省盲人"看"电影的先河。2017年启动"心目驿站"文化助盲系列推广活动，将线上、线下服务相结合，建立视障读者QQ群——"心灵之灯"线上服务。

2. 培养阅读习惯从小抓起

哈尔滨市图书馆承担着培养青少年阅读习惯的重任，他们与学校实现对接，开展各种趣味性的阅读服务，培养学生良好的阅读习惯。2017年开始实施"雪孩子阅读成长计划"，启动了包括古书探秘之旅、沙盘游戏、好书分享、雪孩子故事屋、小小图书管理员、"我阅读我快乐"有奖书评、优秀小读者评选、少儿图书流动站阅读服务、少儿剧场播放等各类活动。2017年组织少儿读者活动92次，有2897人参加，举办沙盘游戏48次，参与者共计98人。

3. 关爱农民工子女和老年读者群体

自2007年开始，哈尔滨市图书馆建立农民工子弟校流动站，定期开展送书、朗诵、征文等阅读活动，并开设公益课堂，曾被哈尔滨市委员会、哈尔滨市青年志愿者协会授予"关爱农民工子女志愿服务行动实践教育基地"称号。为老年读者免费开办老年人智能手机培训班、摄影后期制作班、声乐培训班等，受到媒体

和社会的广泛关注。

（三）不断挖掘，让数字阅读服务融入大众生活

1. 丰富数字资源

借助"全国文化信息资源共享工程"、图书馆网站、微信、微博等搭建公共文化服务体系数字化平台，挑选权威性、实用性的优质数字资源，同时积极保护、挖掘地方文化，构建特色数据库。

2. 数字服务亲民化

按照中国图书馆学会"扫码看书，百城共读"和"悦读，在路上"全民阅读工作要求，设立宣传版，为读者提供数字阅读服务。联合《朝闻快线》和松雷商业共同推出"地铁图书漂流月"活动，在地铁沿线人流相对密集的站点设立"读书角"，市民可以借阅并进行图书交换。

（四）发展志愿队伍，伴行全民阅读

2010 年，哈尔滨市图书馆成立文化志愿服务队，按照各级政府工作要求，建立并完善运行机制，从组建队伍、规范管理、打造品牌等环节入手，开展志愿服务，助推全民阅读活动。目前文化志愿服务队由党员、青年、助残、社区、网络、孝亲、扶贫扶志和学生联合体等 8 支志愿服务队伍组成，吸纳社会志愿者千余人。2017 年，哈尔滨市图书馆成为黑龙江省首批"公共文化场馆开展学雷锋志愿服务单位"。

三、活动特点与亮点

（一）阅读活动常态化，受众面逐渐扩大

通过制定计划、组织实施、定期总结等流程，哈尔滨市图书馆长期开展全民阅读活动，形成制度化和常态化服务。依托哈尔滨讲坛、社区图书馆建设等，广泛联系书店、机关、学校、社区书屋等为基础的阅读阵地，使全民阅读受众群体逐渐扩大，产生了很好的社会效益。

（二）阅读活动创新化，服务品牌推陈出新

围绕全民阅读活动，哈尔滨市图书馆打造集书展、书评、读书、交流、讲

座、竞赛、分享、体会等为一体、覆盖城乡的阅读活动品牌。典型案例是 2017 年打造的大型阅读活动"一书·一城"，以创新理念引领全民阅读，形成政府倡导、社会推动、专家指引、媒体支持、基层参与的全方位、立体式工作机制。

图 2-3　"一书·一城"阅读活动现场

四、示范效果

（一）设立长效机制，形成独有的阅读品牌

哈尔滨市图书馆结合工作实际，精心组织和策划，形成阅读长效机制，让市民亲近阅读、品味书香变得触手可及。目前已形成一系列读书活动品牌，如"哈尔滨讲坛"的 12 个专题系列讲座，少儿借阅活动中心的"雪孩子故事屋"系列，开启书香智慧之旅线上、线下系列活动等，获得业界内外的广泛认可，成为哈尔滨市首批"全民阅读活动示范基地"，"文化暖心　点亮生活——视障读者文化志愿服务"项目被文化部授予"示范项目"称号。

（二）挖掘地域文化，社会效果显著

2017 年 4 月 23 日，哈尔滨市图书馆开始开展"一书·一城"阅读推广活动，通过阅读一本书恋上一座城，用文化激励读者热爱阅读、热爱城市，打造城市独

有的"文化名片"。由此获得黑龙江省全民阅读项目立项，荣获"第一届公共图书馆创新创意征集推广活动最佳创新奖"，得到 2018 年哈尔滨市宣传文化发展专项资金支持，拨付 13 万元用于"一书·一城"阅读推广品牌项目活动，形成了品牌效应。

（三）基地示范作用凸显，全民阅读热情高涨

通过全民阅读活动的开展，带动全社会更多的人参与到全民阅读活动中来。2017 年，哈尔滨市图书馆完成各种活动 999 次，受众达到 7.2 万人，全市阅读氛围愈发浓厚。

第二节 杭州图书馆

一、图书馆简介

杭州图书馆是国际图联成员馆、联机计算机图书馆中心（Online Computer Library Centre，Inc.，OCLC）在中国大陆的首家管理性成员馆、全国古籍重点保护单位。杭州图书馆成立于 1958 年，中心馆建筑面积 4.38 万平方米，围绕"平民图书馆 市民大书房"的目标，致力于向市民提供"平等、免费、无障碍"和"开放、多元、共享"的现代化公共图书馆服务。近年来，提出"第三文化空间"理念，通过关注用户个性的展现、理念和行动的创新，以及自我价值的实现，努力打造成为市民家庭、工作之外最想去、最愿意去的文化生活空间。创造性地设计了"中心馆—总分馆制"的公共图书馆服务体系建设模式，解决了城市图书馆集群化发展和资源共享问题，促进了我国公共图书馆集群化发展与国际同步，并通过杭州数字图书馆建设，推进了公共文化全覆盖和均等化。以"映像西湖—海外典藏"项目为抓手，坚持国际化发展，不断增强图书馆服务能力，是我国第三个实现全球馆际互借的公共图书馆，亦是杭州文化的一张"金名片"。2016 年，杭州图书馆荣获"全民阅读示范基地"称号。

图 2-4　杭州图书馆一号门

二、开展全民阅读主要工作

（一）阅读资源不断丰富

杭州图书馆通过不断丰富传统馆藏资源和完善馆藏结构，现已形成以文史哲、艺术、旅游、经济、运动、音乐等为主题的特色馆藏体系，并针对读者需求购入新的数据库，自建极具特色的地方数据库，数字资源的服务呈现增长态势。

2017 年，杭州图书馆年入藏新书 35.3 万册，截至 2017 年底，全馆拥有纸质文献 564 万册，电子文献 101 万册。

（二）阅读方式推陈出新

2017 年，杭州图书馆继续致力于探索创新阅读服务方式。

（1）继续推进"悦读"服务，把部分图书选购权转移到读者手上，实现读者驱动购买模式，保证图书资源利用的最大化，在时间与空间上延伸图书馆的服务范围广度。

（2）创新性推出"悦借"服务，将图书馆打造成一个"图书淘宝"，让市民进入图书借阅的"高速公路"。

（3）推出"信用服务"项目，以信用降低公共图书馆的利用门槛，在图书馆与读者之间建立起相互信任、相互支持的合作关系。

（三）阅读活动精彩多元

杭州图书馆一直重视推动阅读活动品牌建设，以"YUE 杭图"为活动总品牌，拼音的"YUE"，旨在表达其多元化的内涵：阅读的"阅"，愉悦的"悦"，相约的"约"，音乐的"乐"，跳跃的"跃"，还有超越的"越"。

总品牌下设 7 个活动子品牌：① YUE 杭图·乐：音乐及影视内容活动；② YUE 杭图·悦：体验型活动；③ YUE 杭图·约：讲座、沙龙、分享会及国际交流活动；④ YUE 杭图·跃：少儿活动；⑤ YUE 杭图·阅：出版项目、展览和教育培训；⑥ YUE 杭图·越先锋：党建品牌；⑦ YUE 杭图·悦志愿：志愿者服务品牌。子品牌简洁明了地表达多元化的服务特点，与"YUE 杭图"形成呼应之势。

1. "YUE 杭图·悦志愿"活动团队

图 2-5 "YUE 杭图·悦志愿"之"青苹果在行动"团队开展亲子阅读活动

针对用户的不同年龄、爱好等个性化特点，组建多支"YUE 杭图·悦志愿"读者活动团队，自主策划和实施多角度、多形式的读者活动，重视读者自身价值挖掘和开发。例如针对低幼区服务，组建"青苹果在行动"团队，以少儿志愿者为主，以自主管理的形式，培养小读者文明阅读习惯，用自身行动倡导和传递文明。面向家长、成人组建了"红苹果在行动"团队，发挥家长资源和才能，开展讲故事、手工制作等丰富多彩的活动。组建"阅读疗愈"团队，集结 20 余位教育界、医学界、心理学界的专家、学者，为读者提供亲子关系、人际职场、情绪管理等方面针对性指导。

2. "YUE 杭图·悦"之"阅读遇上运动"

杭州图书馆运动分馆围绕"运动健身、运动养生、读书改变人生"的服务理念，创新策划"阅读遇上运动"主题活动，作为"YUE 杭图·悦"的重要品牌活动，将活动辐射到馆外，将阅读与运动有机结合起来，倡导人们建立阅读与运动的良好习惯。例如 2016 年的"连续 21 天万步"吸引了 6 家社会机构、企业参与和赞助，活动历时 2 个月，吸引了北京、上海、厦门等省外城市运动爱好者近 500 人参加，进一步延展了"阅读遇上运动"品牌活动的群体影响面。

图 2-6 "YUE 杭图·悦"之"阅读遇上运动"读书日专题活动"阅·动·历史建筑"，以文化的内核、运动的气息、全民参与的形式，广泛传播、传承中国优秀传统文化，助力文化自信

3. "YUE 杭图·约"——全民阅读公益活动

2017 年,杭州图书馆契合"绿色浙江"发展理念,与读者相约"世界地球日"和"世界读书日",以"为地球朗读"的形式开展全民阅读公益活动,24 小时不间断接力朗读环保名著《寂静的春天》。将科普宣传和经典阅读巧妙融合,形成线下阅读和线上参与的互动、创新阅读推广形式,实现科普宣传与阅读推广"两相宜"。活动期间,网络招募朗读者 365 批,共计 3000 多人次,亚、非、美三洲的朗读者们用自己的朗读发出了倡导绿色环保和阅读经典的理念。

(四)主题分馆建设稳步推进

杭州图书馆一直以来坚持深化社会合作,寻求社会机构的优质资源加以引入,着力加大社会力量参与全民阅读的融合深度。

主题分馆由杭州图书馆与社会机构合作着力打造,它们犹如点缀在杭州市公共图书馆服务体系上的"明珠",以其"专"和"精",不仅在城市中聚合出传承"公共"精神且极具特色、富有魅力的公共空间,更以生活、音乐、科技、环保、运动等主题,将阅读变得活泼、内敛、时尚、质朴,支撑起了城市公共文化服务的万千气象。

2017 年,杭州图书馆与杭州植物园、阿里巴巴公益基金会合作,共建杭州图书馆自然分馆;与都市快报社合作,共建南宋序集(艺术)分馆;与江南养生文化村开发有限公司合作,共建健康分馆。截至 2017 年底,主题分馆数量已达 15 家,进一步扩大了杭州图书馆阅读推广服务范围,提升了阅读推广服务的个性化、特色化,引导读者实现精细化阅读。主题分馆的打造,还弥补了杭州市公共图书馆的服务死角,构建起资源共享的大型图书馆网络,形成随时随处可阅读的环境。

三、活动特点与亮点

(一)互联网背景下的文献资源新型服务——"悦借"服务

"悦借"服务是运用成熟的现代化技术,搭建阅读 O2O 平台,面向用户推出的线上借阅服务。通过"图书馆 + 软件公司 + 书店 + 邮政快递"的模式,用户在线选择图书,图书馆配书后,快递再送书上门。

　　"悦借"服务从根本上打破了图书馆采访、编目、典藏、流通的传统模式，对图书馆未来发展提供了以下四个经验：① 切实加强社会化协作，充分利用社会力量提高公共文化服务的能力；② 运用互联网、物联网的技术成果，与图书馆传统服务相结合，增强公共文化服务手段的多样性；③ 不断满足用户日益变化的文化需求，将图书馆的服务前移，实现公共文化服务精准化供给；④ 营造良好的阅读氛围，积极推进全民阅读，为杭州学习型城市的建设助力。

（二）推出"信用服务"项目

　　为弥补传统文献服务模式的不足，杭州图书馆不断探索现代图书馆持续发展的新模式、新方法，2017 年，与蚂蚁金服旗下芝麻信用、苏州嘉图公司、邮政速递四家合作推出"信用借还图书"服务。

　　2017 年 4 月 23 日，"信用借还图书"服务正式上线，使杭州成为首批开放线上借书服务的城市，"免押金、免办卡、线上借、送上门"。2017 年 9 月和 11 月，杭州图书馆分别举办了两次"2017 公共图书馆信用服务论坛"，对"信用服务"进行了宣传和推广，发布了《公共图书馆信用服务杭州宣言》，全国 27 家公共图书馆共同签署宣言。目前，杭州图书馆已通过逐步归纳探索，形成了"信用＋阅读"模式，并推广至各个图书馆。据统计，自推出信用借还服务以来，截至2017 年底，通过信用方式进行注册与绑定的读者人数达到 11.7 万余人，成功借阅 40638 册图书。

（三）实施"中国阅读"子项目

　　"中国阅读"图书推荐榜，以图书馆借阅流通量、图书销售零售量为基础，从每个子榜单排名前 1000 名的图书中选取 70 种图书，通过来自全国出版、文化、图书馆等多领域的专家学者初评和终评两轮选取，最终选出 7 个子榜，共计 68 本推荐图书，在"中国阅读"微信公众号上推送，并于 2017 年 11 月 26 日举办了图书推荐榜发布仪式。图书推荐榜的推出促进了全社会的阅读氛围，并引导市民多读书、好读书、读好书。

四、示范效果

　　2017 年 9 月 2 日，"2017 公共图书馆信用服务论坛"在杭州图书馆举行，来自全国 40 余家省、市、区（县）级图书馆馆长和从业人员，以及多位图书馆界的专家学者、企业代表出席，共同探索公共图书馆如何运用"信用"更好地开展服务、实现资源共享，共同描绘"信用 + 图书馆"的全新面貌。

2017 年 11 月 26 日，论坛第二次会议在杭州图书馆召开，专家学者以"杭州图书馆信用服务实践"为案例，探讨了互联网背景下全民阅读推广的创新之路，会上发布了《公共图书馆信用服务杭州宣言》，首批签署宣言的公共图书馆达 27 家。27 家公共图书馆达成共识：通过信用这一载体，提高公共图书馆资源的使用效率，实现公共图书馆资源的共存、共建、共管、共享，最终建成一个平等、开放、合作、共享的公共图书馆共同体。

杭州图书馆通过"4·23"信用借还图书服务、两次信用论坛的开展等不断探索实践，形成了"信用 + 阅读"的杭图模式，推广至各区县图书馆、各城市图书馆，用"信用借阅通行证"实现城市间公共图书馆的无障碍文献资源服务，并逐渐在业内形成一股"信用服务"的热潮。

第三节　宁波市图书馆

一、图书馆简介

宁波市图书馆本着"公益、平等、开放、创新"的服务宗旨，以建设"书香宁波"为己任，在全民阅读大潮中积极探索独具特色的阅读推广之路。近年来，针对不同年龄层次、知识结构的读者举办各类读书活动，积极打造"天一讲堂""天一展览""天一约读""天一音乐""天一约书""天一文荟""天一文简""天一国乐团""天一童读"九大阅读推广品牌，每月推出讲座、展览、读书活动、音乐沙龙等形式多样、内容丰富的活动，使众多市民感受到知识的魅力和文化的滋养，在全市营造了全民阅读的良好氛围，在市民中形成"读书好、好读书、读好书"的共识。2011 年，宁波市图书馆荣获中国图书馆学会"全民阅读示范基地"称号。

图 2-7　宁波市图书馆永丰馆外景

二、开展的全民阅读主要工作

（一）天一讲堂

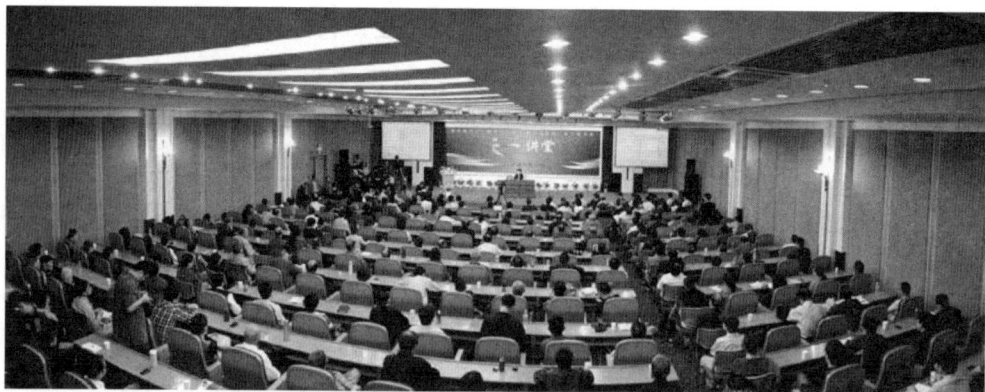

图 2-8　宁波市图书馆"天一讲堂"每周六下午免费开讲

"天一讲堂"是历经十余年风雨的文化老品牌，自 2006 年创建以来，确立了"搭交流平台，激智慧火花，播人文精神，扬宁波文化"的宗旨，坚持周周有讲座，月月有名家，秉承讲座的学术性、时事性和趣味性，目前已举办各类讲座 600 多场，易中天、纪连海、傅佩荣、钱文忠、曹景行、周国平、毕淑敏等国内各领域的专家、学者相继登台，进一步提升了宁波城市的文化品位。2016年，在"外地名家"和"本地名家"两大系列的基础上，又创新推出"公开课""精彩30分"及"读行天下"三大系列。"天一讲堂"已成为市民交流思想、碰撞火花的平台，更成为宁波公共文化服务的特色品牌和亮点。

（二）天一展览

"天一展览"是2008年推出的一项公益性文化项目，每月结合社会形势和社会热点，策划、推出不同主题的展览，不断延伸读书的内涵和外延，丰富广大市民的文化生活，致力于搭建一个用图片阅读的方式与市民交流的平台。值得一提的是，"天一展览"以甬城市民为主要受众群，充分挖掘本地资源，凸显地方特色，甬城书法名家精品展、罗枫历代才女百图剪纸展、"甬城记忆"宁波老照片展等展览的亮相，吸引了大批观众，也让观者备感亲切。

（三）天一音乐

"天一音乐"是2015年推出的为大众提供鉴赏音乐、解读音乐、研究音乐的特色品牌。目前有Mini音乐会、四季音乐会、"秋帆乐话，如是我闻"贺秋帆音乐文化沙龙、"和乐之道"东方音乐美学赏析、"针尖下的音乐"黑胶唱片赏析音乐沙龙、"走进交响的世界""法伊娜学唱团"以及主题音乐电影赏析等特色品牌活动。精彩丰富的音乐活动带领市民步入音乐的殿堂，感受不一样的文化气息，为音乐爱好者搭建了一个交流互动的平台。

（四）天一约读

"天一约读"是为促进读者间的阅读分享而搭建的阅读交流平台，以读书沙龙的形式将市民的阅读分享与阅读体验进一步结合，延伸了阅读的内涵和外延。根据读者对象不同分设不同系列，2016年开设"时间庭院"系列沙龙，与读者分享时间深处的文学之光；同年开设"阿拉宁波人"系列沙龙，为广大新、老宁波人打造具有地方特色的沙龙；同年6月还开设"大山雀自然学堂"，带领读者从博物学的角度，用孩子般的心性来观察、认识大自然，每月一期。2017年1月，全新推出"夕阳红读书会"系列沙龙，为老年人的阅读和文化交流提供一个跨区域的平台，每月举办2期。2017年11月，全新开设"智者之光"系列沙龙，每月一期，带领读者追寻西方哲学大师们的生命轨迹。

图2-9　宁波市图书馆"天一约读"深受读者欢迎，图为"大山雀自然学堂"活动现场

（五）天一文荟

"天一文荟"是为充分发挥信息资源优势而创新推出的信息文摘类刊物，刊物设有《城市之间》《文化文摘》《看宁波》和《新书架》四个栏目。从2012年创办之初，便确立了"汇聚天下，荟萃思想"的宗旨，刊物立足于传播信息，弘扬文化，分享智慧，反映城市思想律动与人文精神，为城市决策者和研究者提供内部决策信息参考。目前，"天一文荟"已成功创办160余期，每期发行2000册。

（六）天一文简

"天一文简"是宁波市图书馆编辑出版的以阅读推广地方文史为主的公益性杂志，设置了《书话书评》《原汁原味》《书里书外》《甬上旧事》《好书推介》等五个栏目；每年编发6期，每期发行2000册。2016年11月创刊时刊名为《好书》，2017年11月更名为《天一文简》。所谓"简"者，取义有二：一曰"简牍"，即纸张发明以前图书的形式、文化的载体；二曰"简约"，以精练的文字、精深的读解，为读者推介经典好书，传承书香文明。在移动互联网时代，"天一文简"

这样一本纯粹的纸质读物，让更多的人感受阅读的美好，体会阅读的乐趣。

（七）天一约书

"天一约书"是宁波市图书馆于 2017 年全新打造的阅读品牌，是借助互联网技术打造的图书借阅 O2O 模式，通过线上借阅、线下配送的方式，让读者感受轻松借阅图书的乐趣。读者通过微信或者支付宝平台提出借阅请求，借阅的图书将通过物流系统配送到读者指定的地点，真正做到家与图书馆零距离，保障了读者全天候的借阅体验。该项服务的推出，实现了公共图书馆文献服务精准化供给，提升了读者个性化、多元化阅读需求的满意度。目前已有 7315 名用户体验了该项服务，共借还图书 30267 册次。

（八）天一国乐团

2017 年 9 月，为进一步助推宁波"音乐之城"建设，宁波市图书馆在相关部门的大力支持下，组建了以国乐与西方音乐相结合，以继承发展传统国乐，传播宁波海丝文化为宗旨的天一国乐团。自成立以来，天一国乐团致力于挖掘、凝聚、培育有国乐特长的宁波市民，目前天一国乐团已有核心团员 14 位，其中 90% 以上为热爱音乐的 90 后青年，演奏乐器包括二胡、琵琶、古筝、钢琴等，另有一位为自学成才的残障人士，具备精湛的笛子演奏技巧。天一国乐团发出的不仅是传承的声音，更是年轻的声音、梦想的声音。

（九）天一童读

"天一童读"为宁波市图书馆少儿阅读活动品牌，旨在为宁波市 0~14 周岁婴幼儿及青少年提供阅读指导和阅读推广服务，引领未成年人进行阅读，培养良好的阅读习惯。此品牌活动又分为阵地活动、假期特别活动、大型主题活动。阵地活动主要包括绘本故事讲读分享、"叶子姐姐讲故事"少年儿童走进图书馆活动、"编程一小时"公益课堂活动、"文明小乘客"公交安全课堂、"英爱绘"英文绘本阅读课堂、小小志愿者、少儿暑期安全知识讲座、"好奇星之窗"知识问答、少儿专题书展等众多活动项目。假期特别活动主要包括中小学生社会实践、读书小达人评选、国学体验、假期小志愿者体验等寒暑假活动。大型主题活动包括全市经典绘本剧创意表演大赛、全市亲子绘本讲读大赛、"渔阅童年"关爱渔民孩子阅读生活公益系列活动等。

三、活动特点与亮点

（一）名称具有宁波特色

宁波市图书馆将阅读品牌名称定为"天一"，并整合打造了九大"天一"系列，名称简洁明快，市民熟悉易记，读起来也琅琅上口。因藏书文化在宁波已传承千年，天一阁作为中国现存历史最悠久的私家藏书楼，是宁波人引以为傲的城市"文化招牌"。"天一"取自《易经》中的"天一生水，地六成之"。为了传承爱书、读书的"基因"，更重要的是把城市精神蕴含在品牌阅读活动中，特意把品牌名称取名为"天一"。

（二）品牌形式丰富多样

"天一讲堂""天一展览""天一约读""天一音乐""天一约书""天一文荟""天一文简""天一国乐团""天一童读"九大品牌齐头并进，引领全民阅读，讲座、展览、活动、沙龙、刊物等形式丰富多样，可看、可听、可读、可赏析、可互动，用不同的阅读形式来丰富市民的文化生活，让市民感受到阅读无处不在。

四、示范效果

（一）良好的社会口碑

"天一"系列品牌活动，已形成了良好的社会口碑，并带动了全市公共图书馆阅读推广活动的开展。目前，社会大众已经对宁波市图书馆推出的各项讲座、展览、活动、沙龙等有了深入的认知和评价。每期活动一发布，预约火爆，特别是微信端的报名，一经推出就有人进行秒抢，短短几个小时名额一抢而空。不少没能来到现场的读者还通过微信直播参与讲座、沙龙等活动，活动点击量达1~6万人次。

（二）宣传途径多样

宁波市图书馆注重利用多种宣传途径进行广泛宣传。既利用传统的推广媒体：海报、横幅、宣传栏、电子屏等进行宣传；又利用图书馆微博、微信公众号、官方网站、QQ群、微信群等平台进行宣传；还利用电视、电台、报纸等媒介加大力度宣传推介，例如《人民日报》《宁波日报》《宁波晚报》等，以及当地的新媒体客户端"甬派"，利用其传播速度快、覆盖范围广的优势，加大阅读推广活动的宣传影响力度。

（三）社会合作多元

宁波市图书馆注重社会合作，发动社会力量参与开展阅读推广活动。与社会合作在宁波历史文化街区——南塘老街成立"人文地理馆"，并由社会机构出资举办以人文地理文化为主题的"天一讲堂·读行天下"系列讲座；宁波市经典绘本剧创意表演大赛由市文化广电新闻出版局牵头，与市妇联、市团委等共同主办，联合全市公共图书馆共同参与；在"天一音乐"建设过程中，积极引入社会力量参与、支持与合作，不少音乐名家、音乐爱好者和非营利性组织、群众团体等，都成为"天一音乐"品牌建设的中坚力量。

第四节　深圳图书馆

一、图书馆简介

深圳图书馆是深圳市政府投资兴建的集大众化、数字化及研究型为一体的大型现代化公共图书馆，秉持"服务立馆、技术强馆、文化新馆"的办馆理念，充分发挥深圳"图书馆之城"中心馆作用，致力打造一流的城市文化综合体，提升市民素养和城市文化品质，是"文化深圳"的重要城市名片和标志。截至2017年底，深圳图书馆累计拥有持证读者120.46万名，馆藏总量946.82万册/件。2017年接待到馆读者合计442.1万人次，文献外借服务总量达到446.2万册次，举办各类读者活动1476场。

作为全民阅读的重要阵地，深圳图书馆专注于文明传承与文化耕耘，以创新理念持续打造第三文化空间，以空间再造搭建公共思想文化平台，以"图书馆＋"思维积极探索公共服务发展新模式。2015年获评"全民阅读示范基地""全国社会科学普及教育基地"称号，2016年荣获"深圳市市长质量奖""广东省文明单位"，2017 年荣获"全国文明单位"称号。

图 2-10　夜幕中的深圳图书馆，透出城市智慧之光

二、开展的全民阅读主要工作

（一）打造新型文化空间，搭建思想文化交流平台

注重阅读氛围的整体营造，倾力打造南书房、爱来吧、讲读厅、深圳学派文献专区、世界文化区等全新文化空间，并升级改造了少儿服务区、报告厅等原有阅读空间，设立读者讨论室，极大地丰富了图书馆的资源与服务形态，满足了市民阅读、交流、创造与分享的需要，同时依托新空间，打造深圳学人、南书房夜话、讲读厅公益培训、"爱来吧"数字阅读体验、少儿智慧银行、银发阅读等一系列具有深圳特色和广泛影响力的阅读品牌活动。

（二）加强组织策划，重要节点活动精彩纷呈

经过多年探索和创新，形成"突出重点，兼顾全面"的全民阅读活动开展模式，在保障系列活动常规开展的同时，重点以世界读书日、图书馆服务宣传周、深圳读书月、春节、暑假五大时间节点为契机，举办"阅在深秋"公共读书活动、"思维之星——深圳大学生思辨大赛"等重大全民阅读活动，动员各方力量，重点策划、集中推出一系列丰富多彩的读者活动。

（三）建立"走出去"机制，推动全民阅读下沉基层

增加非主体馆舍活动的举办场次，扩大图书馆阅读服务的辐射范围，让优质文化资源流向基层。每年在校园、工业园区、公园、餐厅、军营、看守所等场所，开展"共读半小时"、"深圳记忆"文化之旅、"创客教育"进课堂、名家讲座等活动，让优质阅读活动走到民众身边，有效增强活动的影响力和延伸度。2017年举办"走出去"活动 50 余场。

（四）细分人群，开展专业阅读服务与指导

面向家庭、未成年人、老年读者、视障人士、来深青工等群体策划专项阅读活动。注重家庭阅读推广指导，连续五年发布"南书房家庭经典阅读书目"，累计推荐 150 种古今中外经典图书，编印《行走南书房》公益阅读杂志；大力促进青少年阅读，每年开展少儿阅读活动 300 余场；实施"银发阅读"项目，精心打造"乐读读书会"及电脑、摄影、书画等培训活动；持续开展盲人电脑培训班，举办视障人士诗歌散文朗诵暨散文创作大赛等活动，满足特殊群体的阅读需求；连续 11 年举办深圳市来深青工文体节知识竞赛。

图 2-11　2017 年 4 月 23 日，第二届"共读半小时"全城阅读活动举办，图书馆、社区、学校、商场、公园、医院、军营、工业区、咖啡厅等全市 104 个公共场所集体共读，高调展示阅读态度，鹏城处处书香弥漫

（五）发挥科技优势，推动数字阅读与服务

积极探索多媒体、多平台融合发展，搭建移动服务平台，充分利用互联网、第三方 APP 平台与图书馆网站实时联动，全国首创扫码登录模式，统一认证，一次登录微信／支付宝平台，再次进入免认证。发布"深圳文献港 3.0"，推出资源统一发现与获取、学者知识库和馆际互借三大服务版块，实现跨图书馆类型、跨平台的纸本图书互借互还。推出"M 地铁·图书馆"，市民通过扫码即可免费阅读电子图书。

（六）完善区域联动机制，扩大活动影响

加强区域、省、市范围内阅读推广活动联动，持续推进优质阅读内容的共享与传播。粤港澳地区联动项目："4·23 世界读书日"深港澳联合征文及展览；全省联动项目："4·23 世界读书日"主题海报设计大赛、"书香岭南·悦读生活"摄影大赛、"广东省全民英语口语大赛"；全市联动项目："共读半小时""阅在深秋"公共读书活动、少儿智慧银行、"全城联动，让书回家"等。注重优质活动的宣传推广。2017 年，《人民日报》《中国文化报》《光明日报》《香港商报》等境内外媒体对全民阅读活动报道总计 1112 篇次。

三、活动特点与亮点

（一）阅读推广活动以文化建设为根本宗旨

图书馆作为公益性文化机构，助力社会主义核心价值观构建，弘扬优秀文化。如"南书房家庭经典阅读书目"五年来通过专家评审并向社会陆续推荐经典图书 150 种，并同步开展经典导读、经典诵读、征文评选、编印公益刊物等系列活动，引导大众阅读，弘扬优秀文化。注重本土文化的深耕与物化成果的积累，持续推进"深圳记忆"、深圳人写作典藏计划、深圳学术百家展览等，使图书馆成为城市文化建设的有机组成部分。

图 2-12　2017 年 10 月 28 日，武汉大学历史系博士生导师、中国经济与社会史研究所所长陈锋教授解读"南书房家庭经典阅读书目"《遵生八笺》

（二）细分读者群体，推进分众阅读服务

借鉴"分众化"理念，细分读者人群、顶层设计、差异定位、可持续推进，以读者为导向主动提供有针对性的阅读服务。根据高校学生、老年、青少年、户外运动爱好者、法律人士、语言学习者、金融从业人员等不同群体的需求，量身定制不同的阅读推广服务方式，发挥学科馆员优势，提供更专业、更精细的服务。

（三）创新阅读推广传播方式

积极探索新媒体媒介宣传，做好阅读推广活动营销，采取"线下互动＋线上直播"整合传播模式，将"南书房经典阅读特别策划——为什么读经典"、经典民乐赏析、走进交响乐等多个重点品牌活动在官方微博进行同步直播，"思维之星"活动全程与《深圳特区报》"读特 APP"合作，加强与读者的现场互动、反馈跟踪、效能分析，突破时空限制，扩大活动辐射范围。

（四）建立阅读活动品牌分级管理体系

建立清晰的阅读活动品牌体系，全民阅读活动向质量化、品牌化发展。将全馆阅读推广活动梳理归纳为传统文化、学术文化、经典阅读、艺术阅读、数字阅读、未成年人阅读、银发阅读、公益法律、公益培训、阅读关爱、创意思维、现代生活 12 个系列，每个系列下设一级品牌活动、二级品牌活动及普通活动三个层次，加强重点品牌建设培育，增强品牌辨识度、知名度和影响力。

（五）探索"图书馆+"社会合作模式

积极寻求跨界合作新思路，整合各方社会资源，合作举办展览、沙龙、公益讲座，形成社会教育的合力。如向深圳社科联、深圳大学等重点科研机构和专家学者征集著作，建立并完善深圳学派文献专区；与深圳市普法办、深圳市司法局、深圳市律师协会深度合作，设立深圳市普法教育基地，共建馆外图书服务站；与深圳市关爱办、深圳报业集团、百胜餐饮集团联合，在必胜客餐厅和大型社区设立深圳捐赠换书中心分中心，征集和整合分散于民间的图书及相关文化资源。

（六）发挥文化志愿服务效能

积极引入志愿者服务机制，构建志愿服务体系。形成了拥有 2600 余人的志愿者团队，从事视障公益服务、公益法律服务、少儿阅读、用户信息素养培训等八大志愿服务项目，逐步实现志愿者服务从基础性、简单性服务向专业化、特色化服务发展。

四、示范效果

（一）构建新型文化空间，营造城市经典阅读氛围

以南书房新型文化空间为阵地，开展"南书房家庭经典阅读书目"推荐活动，立体化开展专题讲座、经典诵读、高端学术沙龙等活动，创办公益阅读刊物，引领"宁静致远"的城市价值观与人文追求，彰显数字阅读时代的书香坚守，倡导现代社会的文化守望与文化深耕。深圳图书馆大力推广经典阅读的举动吸引了国内众多文化机构来深调研学习，在此影响下，国内近 20 个城市或高校相继建立了"某"书房等经典阅览空间。

（二）着重培养未成年人阅读素养

注重培育读书种子，组织开展创客活动等多元化未成年人阅读活动，建立长

效机制，倡导将提升未成年人阅读素养上升为一种城市行动。《深圳经济特区全民阅读促进条例》确定，自 2016 年起，将每年的 4 月 23 日设立为"深圳未成年人读书日"。

（三）跨界、跨区域阅读推广联动

以"图书馆之城"建设成果为基础，推动本地区、粤港澳大湾区及全国范围的阅读推广联动。加强与社会各界的联结，与一切有情怀、有能力的社会机构、团体与个人合作，充分释放图书馆的智慧能量，不断增加文化影响力和辐射力。第三届"共读半小时"活动成为 2018 年广东省图书馆"世界读书日"联动项目。

（四）参与并推动城市文化建设

响应深圳"文化强市"发展战略，深圳图书馆积极构建"深圳学派"文献专区，广泛收集、保存深圳地方学术文献资源，大力推动城市学术文化建设。发起"深圳记忆"项目，深入挖掘本地特色文化资源，拍摄专题纪录片，建设专题数据库，开展文化之旅体验活动，增进移民城市的家园感和文化认同感；举办"深圳学人·南书房夜话"沙龙活动，按"季"结集出版，已出版 4 季。

第五节 武汉图书馆

一、图书馆简介

武汉图书馆于 2011 年获评"全民阅读示范基地"，并于 2017 年通过复核。作为国家一级图书馆，武汉图书馆多年来面向大众主动推广阅读，全力打造"武图悦读"系列品牌活动；推出武图微信、微博、手机 APP"两微一端"及"云阅读"等新媒体阅读服务；开设汤湖分馆等多个特色分馆；建成 90 多个汽车图书馆流动服务点、147 台街头及地铁站自助图书馆，并借助多媒体宣传矩阵，构建全方位、广覆盖的阅读服务网，成效显著，年均服务读者近两千万人次，举办读书活动千余场，书刊外借数百万册，营造了城市浓郁的阅读氛围，品牌文化建设成效显著。

图 2-13　武汉图书馆外景

二、开展的全民阅读主要工作

（一）依托重点项目，搭建覆盖全市、惠及全民的图书馆服务体系

武汉图书馆联合全市 15 家市、区公共图书馆于 2012 年底正式开通武汉"市、区公共图书馆通借通还"服务，实现了"一馆办证、多馆通借；一馆借书、多馆通还"的城乡一体化公共图书馆服务体系。2012—2013 年，在全市街头布设 50 台 24 小时"自助图书馆"，为广大市民提供 24 小时自助借还书、图书查询借阅、数字资源利用等多项服务，并于 2015 年中旬与武汉地铁集团 97 台"自助图书馆"实现全面通借通还，不断扩大图书馆服务半径，推进形成便捷完善的规模化、互联化文化资源服务格局。

在推进公共文化服务体系构建中，武汉图书馆运用"图书馆 +"战略，促进资源联盟建设及分馆建设。分别与武汉地区高校、公共等各级图书馆及书店成立了"武汉地区图书馆联盟"和武汉地区"公共图书馆 + 书店"联盟，在联盟成员馆间建立资源共享机制，盘活优质文化资源。同时，武汉图书馆还持续建成"市民之家"分馆、"新世界百货"分馆及汤湖分馆，其中汤湖图书馆于2016年度被文化部授予"最美基层图书馆"称号、被中华全国总工会评为"全国职工书屋示范点"。

（二）紧扣活动主题，持续策划举办大型阅读活动，不断打磨锤炼阅读品牌，建立阅读推广长效机制

在武汉市文化局的指导下，以每年"4·23世界读书日"为契机，整合全市公共图书馆、高校图书馆、科研院所图书馆等各类型图书馆资源，联合举办"江城读书节"系列活动，采取统一设计、统一宣传、统一实施的方式，集中展示"一馆一品"武汉市公共文化建设成果，总结表彰上一年度表现卓越的阅读达人，采用不同形式的阅读体验，开启缤纷多样的图书馆阅读之旅，吸引更多的人走近阅读、喜爱阅读，营造无处不在的全民阅读氛围。

武汉图书馆注重阅读推广活动的顶层设计与策划，增强活动品牌辨识度和影响力。通过统一组织、统一命名、统一形象标识、整合归纳、固定举办频率，整合塑造"武图悦读"活动品牌，并形成名家论坛、社科讲坛、市民学堂、武图展览、读者沙龙、小图爱阅、i品书香、流动书香、武图之声等九个活动子品牌，进一步提升活动品质，建立阅读推广长效机制。

（三）注重文化与科技融合，大力推广数字化阅读并不断提升文化服务质量和水平

顺应时代趋势和市民需求，武汉图书馆通过自建、外购、获赠等方式加强数字资源的建设，可供读者使用资源总量近345TB；对网站不断升级，为市民提供24小时网上服务，包括活动信息、OPAC（Online Public Access Catalongue，联机公共查询目录）查询、移动图书馆、数字资源、市民学堂、网上参考咨询、讲座视频等项目，提供电子图书下载机、电子报刊阅读机等；依托馆内丰富的数字化资源，先后开放"市民之家"与"新世界百货"分馆，充分发挥地域及资源优势，不断提升数字资源服务的能力。同时，注重资源的宣传推广，举办诸如数字资源利用培训讲座、共享工程电影赏析、线上趣味知识竞赛等各类读者活动。此外，持续增强图书馆微信平台功能，集读者活动预告及预约、书目借阅、数字资源推广、图书馆宣传报道等功能于一体，不断提高用户体验度，增强用户黏性。据中国新媒体大数据第一平台清博指数于 2016 年 12 月发布的图书馆行业排行榜显示，武汉图书馆微信原创排名第一，综合指数排名第七。

三、活动特色与亮点

（一）跨界合作推广阅读

（1）在全国首创图书馆广播服务"武图之声"。"武图之声"是武汉图书馆与武汉音乐广播在 2015 年 5 月共同打造上线的广播专栏节目，品牌下辖广播节目悦读武汉、i 品书香、"名家论坛"广播版及相关阅读推广活动，并由武汉图书馆负责内容提供、武汉音乐广播负责线上节目编排及播出，播出频率为 FM101.8。目前，该品牌各栏目收听率居同时段排行榜前列。

（2）武汉图书馆新世界百货分馆对外开放。联手新世界百货推出武汉图书馆新世界百货分馆，成为全国第一家设立在商场内的公共图书馆，跨界合作打造集数字阅读和听书服务为一体的新型阅读场所，利用快捷的移动阅读服务、数字资源听书服务提升图书馆多元服务内涵，让市民在购物的同时也能免费享受高品位的文化休闲服务。

（3）汤湖图书馆获评全国"最美基层图书馆"。于 2015 年对外开放的汤湖图书馆由武汉经济技术开发区管委会投资兴建，武汉图书馆负责运营管理，建筑面积 4375 平方米。2016 年汤湖图书馆获评全国"最美基层图书馆"。

（二）搭建数字阅读推广平台

武汉图书馆积极运用各种新媒体拓宽阅读服务，搭建"实体图书馆＋数字图书馆＋移动图书馆＋微信平台"多位一体的综合阅读服务平台。在微信平台推出武汉图书馆"云阅读"，并在武汉街头发布多个扫码点，市民通过扫码进入"武汉图书馆"微信公众号，即可在线浏览百万中文图书、电子期刊，聆听各地名家精彩演讲，畅享云端阅读。加入全国范围内的"扫码看书，百城共读"活动，进一步提升活动效能。

图 2-14　2017 年"江城读书节"推出武汉图书馆"云阅读"服务，并发布 100 个扫码点

（三）关注特殊人群推广阅读

"武图悦读·小图爱阅"关注青少年阅读推广，通过不断创新推出各类活动，如故事会、主题荐书、亲子共读、假期图书馆实践等，激发青少年读者阅读兴趣，培养其阅读习惯，提升其阅读能力。"武图悦读·流动书香"依托全市区图书馆90 多个流动服务点，深入农村、养老院、福利院、学校等服务站，为大型社区提供定时定点巡回服务，联合社会各界力量重点打造为农民工、留守儿童等特殊群体服务的特色服务，开展关爱留守儿童、老年人、残疾人等特殊人群文化志愿阅读推广活动。"流动书香"携手武汉市残疾人社会服务中心，在武汉图书馆成立了全省首家"爱心助残阅读推广基地"，常年与残联合作组织面向残障人士的阅读推广活动。

图 2-15　武图悦读·留守儿童关爱行动

四、示范效果

　　武汉图书馆示范效果显著，先后荣获全国首批"数字图书馆推广工程"试点单位、全国社会科学普及基地、湖北省"十佳图书馆"、武汉市"十佳阅读推广示范基地"等荣誉称号。武汉图书馆汤湖分馆被文化部评为"最美基层图书馆"，还被中华全国总工会评为"全国职工书屋示范点"。武汉图书馆的《聆听文化的声音：武图之声》荣获"出版界图书馆界全民阅读年会（2016）"案例征集一等奖，汤湖图书馆《汤湖读书会——引导、交流与激励开展全民阅读推广》获得"出版界图书馆界全民阅读年会（2016）"阅读年会阅读案例征集活动三等奖。武汉图书馆展览分别于 2012 年、2015 年两次入选国际图联大会海报展，成功展示武汉地区文化建设成果。

第六节　厦门市图书馆

一、图书馆简介

厦门市图书馆以"全方位开放、全公益服务、全社会共享"为服务方针，以社会化办馆为理念，以人性化、平等、免费、便捷服务为原则，形成在建筑设施、馆藏资源、读者工作等要素上实行全方位开放的办馆模式，为读者提供多层次、多元化、多形式的服务，最大限度地满足读者各种层次的信息需求。厦门市图书馆全年365天开放，并实行免费服务，日均接待读者1.2万人次。

厦门市图书馆总馆面积25732平方米，构建起包括15个分馆、1个汽车图书馆、6个图书流通点、55个街区自助图书馆和17个汽车图书馆服务点的基层服务网络，同时把全市所有公共图书馆及其基层联网流通点全部纳入一卡通服务体系，市民可以用一张借书证在全城259个图书馆联网服务网点借书、还书。厦门市图书馆大力推进阅读推广工作，全力开展全民阅读活动，分别于2007年、2010年荣获中国图书馆学会"全民阅读活动先进单位"称号,并于2012年成为"全民阅读示范基地"，2017年申请复核合格。

图2-16　厦门市图书馆外景

二、开展的全民阅读主要工作

（一）多类型活动拓展阅读推广

厦门市图书馆常年开展"世界读书日"主题活动、青少年"寒暑假热读"系列活动等五大系列主题活动和各类讲座、读者俱乐部活动、展览、少儿活动、公益培训、图书推荐、服务宣讲等。以 2017 年为例，厦门市图书馆共开展各类阅读推广活动 1301 场，线下参与读者 426257 人次；微信线上活动开展 27 场，参与读者达 54496 人次。

（二）多元化活动深化服务内容

在不断提升、完善现有阅读推广活动的同时，积极创新阅读推广的新项目，如打造全市性深阅读品牌项目"新锐阅读"、"书 T 台"专题图书推荐、"飞鸽传书"送书上门服务项目等。除此之外，面向不同群体探索针对性强的阅读推广项目，如针对幼儿读者开展"模拟图书馆"宣讲活动。

（三）多途径宣传提升社会影响

将微信公众号作为图书馆信息发布的主要渠道之一，结合网站、微博、馆刊、海报、主流媒体报道等全面介绍各类活动；通过公益性宣传队伍扩大服务外延，如以青年馆员为成员的服务宣讲团走进基层宣讲，并扩大专家型志愿者队伍，组织"阅读推广公益星"参与阅读推广策划。

三、活动特点与亮点

（一）携手社会力量，跨界合作提高影响力

1. 加强与政府部门合作，调动各方资源

与厦门市委宣传部、厦门市社科联合作举办"鹭江讲坛"，与厦门市妇联联合举办"女性大讲堂"等。经费、师资的支持使厦门市图书馆的讲座得以持续、有效地开展。作为"全国巾帼文明岗"，厦门市图书馆积极开展"两岗手拉手巾帼建功活动"，合作举办了荣获中国图书馆学会全民阅读优秀案例二等奖的"爱阅读·游厦门"等多项特色活动。

2.凝聚各类阅读力量，发挥图书馆传播文化作用

部分活动尝试与学校、书店、民间读书会等合作，整合各类资源，进行文化共享，在促进民间读书会良性发展的同时，为广大读者提供更加丰富的阅读渠道。

3.阅读推广进商圈，寻求社会各界多方合作

将图书馆服务带入文化圈、商圈，引入图书馆营销理念，对游客、新厦门人等举办"寻找厦门古早味"活动，开展"阅读·仲夏梦"等主题阅读晚会，在全球最大咖啡馆举办英文精读俱乐部外场活动等。

（二）关注特殊群体，阅读推广向特殊人群倾斜

图 2-17　2017 年暑假，厦门市图书馆举办"'金砖五国'风情建筑鉴赏和涂鸦"暑期亲子活动

1.以青少年活动促进家庭阅读

厦门市图书馆"寻找老厦门"自然阅读亲子活动已连续开展了 6 年，该活动融科普、人文、亲子、户外为一体，突出厦门地方特点，游学结合，形式新颖，入选全国科普教育基地优秀科普案例；已举办了五届的"快乐绘本秀——家庭阅读推广大赛"，通过家庭共同表演绘本，以轻松阅读的方式，加强了孩子与父母的互动，融洽了亲子关系；寒暑假的"兴趣课堂"、夏令营内容涉及科普、艺术、文学、竞技等，在丰富青少年假期生活的同时，倡导家长的有效陪伴，共同推动

多元化亲子阅读。着力关怀外来务工人员子弟等特殊群体，联合城中村图书馆策划、组织活动，通过各类活动让外来务工人员家庭享受图书馆均等化公益服务。

2. 多项举措为视障人群提供特殊服务

启动"双盲家庭亲子阅读"助残项目，以在学龄前儿童家庭中父母均为盲人的家庭为服务对象，以正式出版的绘本图书为母本，由经过培训的志愿者按照相应标准，将绘本改编成适合盲人父母"阅读"和理解的文本，同原版绘本一起提供给双盲家庭的儿童，引导并协助盲人父母与孩子实现亲子共读。"让我，做你的眼睛"助盲讲电影活动，为视障读者解说热门电影，指导视障读者了解、使用厦门市图书馆的电子资源。该项目于2018年初入选全国基层文化志愿服务活动经典案例。

（三）志愿者作用突出，引导全民参与阅读推广

由厦门市图书馆"巾帼文明岗"岗员和"青年文明号"成员组建的"图书馆服务宣讲团"，先后走进学校、幼儿园、社区，开展具有针对性和持续性的阅读活动，并针对特殊人群（如特殊学校的师生、戒毒所的戒毒人员和爱心护理院的老人等）办理免押金的集体借阅证，提供免费送书上门服务等。打造品牌，推出"阅读推广公益星"，"公益星"们结合自身在行业内的专长，为图书馆阅读推广活动注入了新的创意活力。厦门市图书馆"青年文明号"常年举办假期"文明小督导"活动，为厦门市广大中小学生提供社会实践和公益活动平台。

四、示范效果

（一）以讲座为平台，提高阅读推广影响力

近5年来，"厦图讲座"每年平均举办127场次，到场人次近2万，均创历史新高，发展成为具有一定知名度、受众面广、与社会合作度高的品牌活动。讲座现场全程拍摄，后期制作视频录像，进行衍生产品的开发，为多次传播、延伸阅读提供了良好的条件。除常态化开展经典阅读、文艺鉴赏、家庭教育等七大主题系列外，每年都会举办一定数量的、具有台湾元素的讲座，以加强两岸文化互动。通过邀请白岩松、张晓风、麦家等文化名人举办大型公益讲座，提升阅读推广活动的影响力。

图 2-18　2016 年底，厦门市图书馆特邀央视著名节目主持人白岩松，在厦门市工人体育馆举办大型公益讲座"在阅读中成为更好的自己"，2000 余名读者到场听讲

（二）以主题活动为纽带，实现全城资源共享

厦门市图书馆联合厦门地区多家图书馆开展同一主题阅读，以点带面，让全市图书馆共同参与，营造全市同城阅读氛围。如 2016 年"世界读书日"期间，开展"纪念莎士比亚与汤显祖"主题沙龙活动，仅读书日当天，厦门市 10 家公共图书馆共吸引"共读"读者 4 万余人。2017 年"世界读书日"期间，厦门市图书馆联合厦门市 48 家跨界单位开展"真诚相邀　全城共读"全市性阅读推广系列活动，给市民营造良好的阅读氛围，共同推进城市全民阅读，该活动荣获"2017 全民阅读优秀案例"一等奖。

（三）以展览为载体，加强国内外文化交流

举办各类由厦门市图书馆策划组织、与其他机构合作的形式多样、内容丰富的展览，年平均接待近 30 万人次参观。其中，既有与新加坡领事馆、英国伯明翰大学、韩国首尔中国中心联合举办的国际合作展，也有与中国国家图书馆、上海图书馆、广东中山图书馆等联合举办的国内合作展。厦门市图书馆两次参加春

雨工程"全国文化志愿者边疆行"大展台活动，分别在新疆、青海举办主题展。在福建省内，每年举办"厦漳泉"同城交流合作展与巡展。开通网上展厅作为实体展的补充手段，时时进行同步更新。

（四）以新媒体为渠道，扩大阅读推广的辐射范围

厦门市图书馆微信公众号于 2015 年 7 月 1 日正式运营，目前粉丝量达 13 万余人，365 天推送文章。公众号第一时间预告各类活动，并积极配合线下活动的开展，弥补线下活动受众群体有限的"短板"。根据全国公共图书馆微信公众平台清博指数及山东图书馆编印的《全国公共图书馆微博微信监测月报》统计，厦门市图书馆微信公众号月排名均名列前茅，2017 年厦门市图书馆微信公众号入选中国新闻出版传媒集团举办的"第二届大众喜爱的 50 个阅读微信公众号"。

第三讲

地市级公共图书馆选编

第一节　北京市东城区第一图书馆

一、图书馆简介

北京市东城区图书馆成立于 1956 年，是北京市东城区政府兴办的一家综合性公共图书馆，是收集、整理文献，并向社会公众提供文献服务的公益性文化教育机构。2013 年，东城区图书馆更名为"东城区第一图书馆"。馆内设有第一外借室、第二外借室、少儿借阅室、综合阅览室、外文阅览室、创意文献阅览室、地方文献阅览室、政府信息查阅室、自习室、视障阅览室 10 个服务窗口，拥有各类文献共计近 60 万册（件），阅览座位合计 600 席，可上网电脑 100 多台，每年接待社会公众合计 40 余万人次，外借书刊 30 万册次以上，组织读者活动 300 余场次。东城区第一图书馆多次被评为"北京市精神文明先进单位"；2012 年获得"全民阅读示范基地"及"全国人文社科普及基地"称号；"书海听涛系列读者活动"荣获北京市学习品牌；1998 年、2003 年、2009 年、2013、2017 年被文化部评为地市级一级图书馆。

图 3-1　东城区第一图书馆外景

二、开展的全民阅读主要工作

倡导全民阅读，营造书香东城。自 2005 年以来，推广全民阅读工作已成为东城区第一图书馆核心业务之一。在重要的阅读推广活动中，图书馆每年主要围绕"世界读书日""服务宣传周""北京市阅读季"及传统节日开展各类读书活动。在日常工作中，图书馆注重活动的小型化、基层化、精品化、多样化，做到以"读者为本、活动为形，阅读为魂"，细分读者群体，了解读者需求，广泛联络社会，精准对接服务，努力营造"多读书、读好书、好读书"的良好氛围，激发公众的读书热情，提升大众的阅读水平。

为推广全民阅读，普及科学文化知识，提升公民素质，营造书香社会氛围，图书馆根据自身特点和读者需求，从 2008 年开始创建了"书海听涛"系列活动，随着全民阅读活动向纵深开展，图书馆也在不断积累开展阅读活动的经验，并经过多年孕育，使"书海听涛"这一文化品牌日臻完善，使其成为全国图书馆界赫赫有名的文化活动品牌。如今"书海听涛"系列活动已是包括作家与读者见面会、经典诵读、档案见证北京、北京古都历史文化、书画赏析、科学讲堂、红领巾读书、文化助残、外文影片等多个系列的全方位的读者活动。

图 3-2　"'世界读书日'诵先贤经典 品古文书香"活动现场

2017 年，东城区第一图书馆举办各类活动 20 余个系列、700 余场，发挥了示范、引领作用，将东城区阅读推广工作不断推向高潮。东城区第一图书馆被中国图书馆学会评为"全民阅读示范基地""全民阅读先进单位"，品牌活动"书海听涛"荣获"北京市学习品牌"称号。

图 3-3　"我们的时代与人生——刘心武对话张颐武"活动现场

三、活动特点与亮点

（一）管理模式创新

2015 年 7 月 3 日，东城区第一图书馆、东城区第二图书馆成立理事会，其中外部理事占多数，并由外部理事担任理事长。推出"理事接待日"，参与"书香东城"建设统筹工作。

（二）社会力量参与

2014 年，东城区第一图书馆东总布胡同分馆将数字文化社区、电子阅览室、益民书屋、图书室融为一体，引进悠贝成长科技有限公司（民办），延长开放时间，将亲子阅读推广活动常态化，突出"小而精"，全年组织 4 类、360 余场次活动。三年来，服务效能逐年递增，亲子阅读活动总数达到 1000 场，有 1 万余名小朋友参加。2017 年，东总布胡同分馆作为"最美基层图书馆"，被评选为"书香社区"和"十佳阅读空间"。

图 3-4　政府购买服务（东总布胡同分馆）——悠贝老师给低幼儿童讲故事

（三）转型升级打造阅读空间

2018 年，东城区第一图书馆与北京新华书店王府井书店合作开办的"王府井图书馆"正式开馆接待读者。王府井图书馆的建立将是北京市第一次实现实体书店与图书馆的强强联合，实体书店丰富的新书资源和前沿的出版信息成为图书馆的有益补充，图书馆的海量收藏也在一定程度上弥补了书店的短处，这既是双方企业资源的整合，也是双方投身公益事业、拓展全民阅读服务功能的创新之举，更是王府井书店履行国有文化企业的社会责任，全力推进文化体制改革，提高公共文化服务效能，为东城区新时期文化强区建设注入活力、提供支撑的创新之举。

（四）"书香东城"关联度高、影响力大

2011 年，东城区将"书香东城"建设融入"书香中国·北京阅读季"之中，在全区范围内积极推进"书香社区""书香家庭""书香机关""书香军营（警营）""书香校园"建设，将辖区内各级、各类学习型组织调动起来，共同营造书香氛围，建设"书香东城"。

图 3-5 2016 年"书香东城"一周年，群众代表接受赠书

（五）拥抱数字时代，推广全民阅读

2015 年，通过政府购买服务的方式，整合数字图书 10 万种、期刊 3000 种，及有声读物、课件、影视剧等资源，建立"书香东城全民阅读平台"网站。向生活、工作在东城区的公众免费发放 30 万张阅读卡，登录 http://sxdc.chineseall.cn，读者即拥有一个"数字私人图书馆"，实现"24 小时无障碍无边界"阅读。2016 年 4 月，再向东城公众发放 10 万张数字阅读卡。同时，东城区第一图书馆进一步优化自身网站，推出微博、微信等服务，将线上服务与线下服务相结合，阵地服务与网络服务相整合，纸本阅读与数字阅读相融合，引领阅读风尚。

四、示范效果

东城区第一图书馆作为公共空间，以阅读推广促进阅读资源整合，完善服务平台，创新推广模式，广泛开展形式多样、层次分明的阅读活动，培养阅读风气，引领阅读风尚，打造了以"书海听涛"为代表的东图品牌活动，从而推动了书香社会建设。

（一）基层服务

为方便群众随时借阅图书，实现图书借阅的 24 小时服务，东城区已有 8 个 24 小时自助图书馆。24 小时自助图书馆可全天候向社会公众提供自助办证、自助借阅、自助查询服务，成为现代城市景观图书馆。每个自助图书馆藏书 500 册，方便大众读书，深得社会公众好评。

此外，东城区政府、东城区文委投入资金扶持位于北京市东城区美术馆东街的北京三联韬奋书店。2014 年 4 月，三联书店决定在原北京三联韬奋书店的基础上创办 24 小时书店，重新装修调整布局，为读者提供更好的阅读环境和阅读空间。同年 4 月 23 日，24 小时书店举行挂牌仪式并正式营业。

馆外送书服务点是图书馆均衡公共文化资源、延伸公共文化服务功能的重要形式。东城区第一图书馆通过建立馆外图书流动服务点让公共文化服务进社区、进部队、进残联、进学校，向社会各个层面拓展。东城区第一图书馆、第二图书馆已建立了 100 余家送书服务点，2017 年下基层送书达 100 次，送书册次为 20500 册。足迹遍布企业、社区、敬老院、幼儿园等，让群众在家门口就可享受

到公益文化服务，满足了群众求新、求变、求异、求便的文化需求，成为百姓津津乐道的文化热点。

（二）总分馆建设

近年来，通过技术手段与业务管理整合，作为总馆的东城区第一图书馆与街道图书馆、社区图书室分馆之间，都建立起紧密的合作与共建关系，形成文献资源共享和统一化服务的整体布局。

东城区第一图书馆以两个区馆为中心馆，17 家街道图书馆为分馆，统一规则、统一网络平台，实现统采统编、RFID 自助借还、通借通还文献。每年由东城区馆对街道馆统一布置任务，集中培训，统一考核服务效果，并上报东城区政府。图书馆的外借量、读者活动量、到馆人次都呈逐年上升的趋势。

（三）"书香校园"建设

东城区现有中、小学校 100 余所，绝大部分中、小学校都建有图书馆（室），小部分中、小学校都建有图书流动站，许多学校还在班内建有"图书角"。每年，东城区教委、区少工委、区文明办、区文化委、区图书馆联合推出少儿红读系列活动及"书香节"，建设"书香校园"。

东城区公共图书馆以"一卡通"服务网络、"文化共享工程""流通中心书库""24 小时自助图书馆""数字文化社区"五大资源，通过多个网络平台连接东城区各个分馆和服务点，实现"文献借阅一卡流通，信息资源共享，送书下基层、自助借还书"的目标，有效提高了文献资源的利用率，完善了公共文化服务体系，使东城区公共文化服务迈上了一个新台阶，使更多市民从中受益，并取得了良好的社会效益。

第二节　长沙市图书馆

一、图书馆简介

长沙市图书馆是地市级的综合性公共图书馆，成立于 1960 年，老馆馆址定王台是湖南公共图书馆事业的发祥地。新馆坐落于湘江与浏阳河交汇处的新河三角洲长沙滨江文化园内，于2015年底全面开放，总建筑面积3.2万平方米，规划馆藏200万册。长沙市图书馆充分发挥全民阅读推广主阵地的作用，截至2017年，新馆共接待读者451万人次，借还图书546余万册次，开展阅读活动2494场，打造服务品牌31个。长沙市图书馆先后荣获"国家一级图书馆""全国公共图书馆综合服务效能之星""省文化志愿服务先进团队"等称号，2016年9月，长沙市图书馆被中国图书馆学会授予"全民阅读示范基地"称号。

图 3-6　长沙市图书馆

二、开展的全民阅读主要工作

（一）政府主导，社会参与——健全服务体系建设

1. 构建全域覆盖的总分馆设施网络

长沙市政府出台《长沙图书馆总分馆建设实施方案》，统筹推进总分馆体系建设。鼓励社会力量以资金、场地等合作方式参与总分馆建设，打造了20余个品牌馆。截至2017年，长沙市总分馆达105家、流动服务点85个，其中在街区、

地铁、公园等处设置自助阅览室（设施）21家，联动农家书屋提升分馆10个，全市平均每4.1万人拥有1所图书馆或服务点，流动图书馆"七进"服务和"书香地铁"阅读服务同步推进，全覆盖的阅读服务网络基本形成。

2. 打造双向互动的分众化阅读体验

坚持传统与现代结合，通过抽样分析、社会征集、专业好书推介、网络导读等方式，精准对接读者需求。坚持线上与线下互动，加强品牌实用数字资源采集储备，供总分馆使用。坚持服务与需求相呼应，1600多名长沙全民阅读志愿者为总分馆服务体系保驾护航。2017年总分馆开展圈圈故事会、大巴童书会、E课堂、阳光周末公益课等阅读推广活动3475场。

（二）内容为重，提升质量——传统阅读与数字阅读同步推广

1. 新书好书推荐

通过微信、微博公众号等自媒体平台，与《长沙晚报》、长沙新闻广播电台等媒体合作，结合重要节庆时间点和阅览室馆藏特点推荐主题图书，为读者开列"每周书单"，确保社会公众的阅读品质，提升阅读质量。

2. 数字阅读推广

借助互联网＋，科学引进电子书、有声书、电子期刊、科普视频、学术论文、光盘数据库等数字资源，自建申报长沙地方文艺、长沙文物、长沙非物质文化遗产等数据库，自建展览网站；近两年，先后向文化部、长沙市委宣传部等申报了"听长沙·声音图书馆"资源库、"星城旧影·长沙老照片"专题资料库和《湘声报》地方报纸数字化等项目。此外，信息素养课堂、"扫码看书"、书香长沙"摇一摇"数字阅读推广、抗战老兵口述历史、声音气味展等一系列数字资源宣传互动活动，为读者带来多维度、深层次的阅读体验。

（三）少儿优先，保障重点——广泛开展未成年人阅读推广活动

1. 为爱阅读，专业指导阅读

长沙市图书馆长期举办"少儿阅读引导训练营""寻找故事首艺人""为爱阅读""爱悦读·成人品读会"等主题活动，对热爱阅读的家长、老师、图书馆人等进行专业的阅读指导，培养公众的阅读兴趣和习惯，帮助他们成为专业的阅读推广人。

2.精准发力，创新阅读推广

长沙市图书馆创新推出"故事城堡·绘本之旅"（演绘本、做绘本、录绘本），"悦读吧"手工课堂、电子书工坊、"观书海""小小管理员"等少儿活动，名额常被秒抢。开辟专属少儿微信平台"堡主驾到"，录制有声绘本、睡前英文故事、给孩子读诗等音视频节目，都受到广大粉丝的欢迎。

3."书香湖南"，弘扬爱国教育

2017年，长沙市图书馆积极参与组织"红星闪闪耀童心·2017书香湖南系列读书活动"，走进湘西龙山爱心捐书、手绘明信片致敬最可爱的人、解放军军史连环画展览、"今天我来当主席"通识体验、优秀阅读笔记征集等一系列活动，增强青少年爱国拥军意识。

（四）公益普惠，深入基层——保障基本阅读权益

1.提升文化素养，推动学习型社会建设

2017年，"书香长沙·百师千课行动"正式上线，通过招募100名优秀志愿者老师，开设1000堂普及型培训课程，免费为读者提供学习环境和学习平台。邀请朱高正、李祥霆、李辉、杨雨、王跃文、阎真、谭伯牛、李清良等文化名家做客"橘洲讲坛"，举办星城科学讲堂、走读世界、语言星球、悦享新知读书会等各类读者活动，举办特色展览110场，引导社会公众开阔文化视野，推动学习型社会建设。

2.关注弱势群体，保障基础阅读需求

视障文献借阅室联合志愿者开展关爱弱势群体的"爱心顺风车"和"侧耳倾听"活动，帮助视障读者利用图书馆专业设备阅读、看电影、听音乐会等，为残障读者提供交流学习机会。搭建城乡学生共读桥梁，"阅读伙伴·共同成长"项目为浏阳、望城、湘西、宁乡等地乡村学校、少年宫孩子捐赠价值数万元的书籍，送去十余门文化、科普课程及诗词吟唱表演，面向基层的精准帮扶与阅读推广取得了良好效果。

图 3-7 "爱心顺风车"活动

三、活动特点与亮点

（一）"新三角创客空间"

"新三角创客空间"是全国首批以公共图书馆为基地的创客空间，为创客团队提供项目跟踪、文献咨询、阅读推荐等专业信息服务，常年开展创客分享会、设计革命、自造者工坊、创艺生活、小小创想家、创新训练营、"创战计"星城创客大赛、东亚手作文化交流节等品牌活动。平台上已有来自各行业、各领域的创客3000 多名，服务创新创业团队 60 余家，开展各类创客文化活动 300 多场，累计参与人数超过 5 万人次。2017 年，"新三角创客空间"入选文化部产业双创服务体系建设扶持资金扶持名单，是全国唯一一家以图书馆为主体入选的创客空间。

（二）"青苗计划"

"青苗计划"面向 0~18 岁未成年人进行长期阅读跟踪服务，通过阅读推荐、阅读时间、阅读分享、阅读展示、阅读评估五个环节形成服务闭环体系，推进分级阅读，提升少儿阅读的科学性和针对性。已推出"青苗国学馆""青苗分享会"

"青苗看世界"服务项目，成立青苗社4个，参与家庭130组，"小青苗"年均阅读量达160册。"青苗计划"荣获"中国图书馆最美故事"系列风采展示活动优秀服务奖、"出版界图书馆界全民阅读年会（2017）"全民阅读优秀案例二等奖、"书香长沙"全民阅读创新案例奖、第一届公共图书馆创新创意案例最佳青年创新奖。

图3-8 "青苗计划"周年庆

（三）"云馆藏"公共阅读服务

2015年12月，长沙市图书馆与电商平台京东商城合办了"长沙人'惠'读书"活动，在全国首创"云馆藏"公共阅读服务。活动期间，长沙市图书馆在微博、微信等网络平台上发放总价值300万元读书福利，吸引注册读者近5万人，实际选购图书59482册，成为传统图书馆践行"互联网＋行动计划"的最佳案例。同时，自2011年开始，长沙市图书馆连续7年与省、市新华书店合作开展"你的book我买单"活动，在丰富馆藏资源的同时，精准满足读者的阅读需求。

四、阅读推广有成效，业界影响力彰显

（一）举办"东亚文都·书香长沙"中国图书馆第十一届全民阅读论坛

2017年4月17—19日，成功举办"东亚文都·书香长沙"中国图书馆第

十一届全民阅读论坛系列活动，中、日、韩三国 1200 余名业界代表齐聚长沙市图书馆，共同探讨全民阅读前沿问题，著名学者、作家周国平在论坛开幕式上作题为《阅读与人生》的主旨报告，长沙市图书馆在大会上作分享，向中、日、韩业界代表全面展示办馆水平、业务能力并展开深入交流，业界影响力不断提升。

图 3-9　"东亚文都·书香长沙"中国图书馆第十一届全民阅读论坛

（二）深入推广，引爆公共文化影响力

利用新媒体打造集图书馆自助服务、阅读文化资讯、24 小时自助咨询为一体的阅读服务平台，通过微视频进行大型活动、重要活动网络在线直播，微信、微博粉丝达 188296 人。在《全国公共图书馆微博微信监测月报》及《文化政务微博榜》中，长图微信、微博公众号多次跻身影响力、阅读总数及点赞总数前列。《中国文化报》发布专题报道《畅享"悦读"之美，引领书香之城——长沙市图书馆聚焦效能、精准服务，全力构建现代阅读服务体系》，向全国公共文化界推广长沙市图书馆服务体系建设新模式。《潇湘晨报》《长沙晚报》、红网、湖南卫视等省、市媒体累计报道 600 余次，与长沙广播电台合作制作"夜读书香"栏目 60 期，馆刊《知书》广受好评，多维度的宣传推广，持续引爆公共文化影响力。

第三节　东莞图书馆

一、图书馆简介

2008 年以来，东莞图书馆以"全民阅读示范基地"建设为抓手，深入贯彻落实党的十八大关于"开展全民阅读活动"、国家政府工作报告中关于倡导和推动全民阅读方面的精神，以及中央、省、市关于全民阅读推广的工作部署，在中国图书馆学会及广东省学会的直接指导下，充分调动东莞图书馆及各镇（街）分馆资源，利用各级公共图书馆服务优势，积极构建阅读服务网络，组织与开展丰富多彩的全民阅读活动，通过提升活动品牌，延伸服务手段，加强业务创新，引导新媒体阅读，注重专业研究等，不断引领城市阅读风尚，增强城市社会经济发展创新力量和道德力量，取得了较好的成效。

图 3-10　东莞图书馆外景

二、开展的全民阅读主要工作

（一）巩固提升"东莞读书节"全民阅读品牌

"东莞读书节"是东莞市委、市政府全力打造的一项全民阅读品牌活动，是培育和展现城市魅力的生动载体。东莞图书馆作为东莞读书节工作协调小组办公室挂靠单位，自 2005 年起，每年均制定《东莞读书节工作方案》《东莞读书节宣传方案》，一年一做的"东莞读书节方案"经市委、市政府同意并以文件形式发文推动。2005—2017 年的 13 年间，东莞读书节累计举办各类全民阅读活动 5650 余项，其中全市性重点活动 304 项，参与群众达到 4820 余万人次。2017 年，第十三届读书节围绕"阅读·和谐·发展——提升文明素质 崇尚健康生活"为主题，开展知识分享互动类、阅读求知竞赛类、学习品牌引领类等共 30 项主要活动，同时各镇（街）以基层图书馆为主阵地，策划开展 400 多项活动。

图 3-11　敬一丹签售活动现场

（二）营造浓厚的全民阅读推广氛围

充分发挥东莞图书馆总分馆的管理模式和场馆优势，以读者需求为导向，完善阅读环境，营造浓厚的阅读求知氛围。

1. 举办多元化读者活动

在馆内常年持续举办多元化的图书推荐、知识培训、读书比赛、少儿教育、论坛讲座、文化展览、专题动漫等阅读推广活动，在 2016 年、2017 年"世界读书日"期间，推出"悦读，在路上"主题活动，举办了"自行车文化知识图文展""宣传视频播映""主题情景短剧展演""阅读之旅同行"等多元化的宣传推广活动。

2. 青少年阅读推广创意不断

每年，东莞图书馆联合东莞市 32 家镇街图书馆举办"我讲书中的故事"儿童故事大王比赛及系列阅读活动，2008—2017 年已成功举办 10 届，年均吸引 5000 余名少年儿童参与角逐"故事大王"，年度微信、网络平台投票达 19 万余票，在全市掀起了儿童阅读的热潮。此外，每年 8 月，东莞图书馆还会开展"东莞动漫节"系列活动，结合本土动漫产业优势，立足漫画图书馆文献特色，打造动漫迷们的"嘉年华"，年参与读者达 6 万余人次；创新策划青少年数字阅读夏令营，整合经典图书推介、阅读设备体验、影视观赏、亲子互动等相关形式，构成多层次的数字阅读活动，深受少儿读者和家长们的欢迎。

3. 培育和巩固全市性阅读学习品牌

"市民学堂"公益讲座平台年均举办讲座约 55 场，累计参与听讲近 1.3 万人次，通过加强主题策划、丰富传播渠道、拓展社会合作，进一步提升整体社会效益。该项目于 2013 年被东莞市委宣传部评为"东莞市十大学习品牌"，2016 年又荣获东莞市文明委授予的"2016 年全民阅读优秀读书品牌"称号。

（三）倡导新媒体数字阅读

1. 推出"扫码看书，百（全）城共读"活动

在 2016 年"4·23 世界读书日"期间，启动该项活动。首先，精选一批获得茅盾文学奖、文津图书奖以及入选国内各大书目推荐榜单等比较经典、热门的图书，内容涵盖各种类别，满足不同人群的阅读需求和爱好。其次，制成图书二维码，制作书墙、海报、宣传单等，并放置于人口比较密集的场所和东莞图书馆各镇（街）总分馆服务窗口，读者只要利用智能手机或平板电脑等扫一扫，即可免费品阅全文；或通过东莞图书馆 App 下载以上图书全文阅读，非常方便、快捷。此外，还充分利用官方微信、微博、网站、图书流动车的电子屏进行"扫码看书"电子海报发布，也邀请了如曹景行、王安忆、葛剑雄、朱芳雨等社会各界名人支

持和参与，制作了系列宣传海报，吸引了线上数万余用户积极参与。截至2018年6月，本活动中东莞的总点击量超过11万次。

2.数字阅读推广活动深入基层

自2014年起，东莞图书馆联合各分馆开展"社区网络学堂"项目，在东莞学习中心网站开设"社区居民学习中心"栏目，根据村（社区）居民需求特点，定期推送贴近市民生活的优秀视频资源，并通过各镇（街）图书馆、村（社区）公共电子阅览室免费向读者提供展播、集体学习的活动，年均吸引读者近5万人次参与。此外，东莞图书馆还主动与当地电视台合作，通过机顶盒技术将电视变成市民阅读的新平台，将图书馆的讲座资源和其他阅读服务推送到居民的客厅里，受惠群众覆盖东莞市域近50万高清U互动电视用户。

三、活动特点与亮点

（一）整合社会资源，借力提升阅读推广

东莞图书馆立足自身资源和服务，广泛地与各类机关、企事业单位、社会组织等进行阅读推广的合作，达到多赢效应。如与自行车品牌商、共享单车公司合作开展"悦读，在路上"之"骑阅总分馆之旅"，与志愿者及机构合作开展读书会和公益课堂等，与动漫爱好者、动漫企业合作开展丰富的动漫活动等，这些都大大延展了图书馆活动的覆盖范围，并使活动更趋多元化、专业化。

（二）全市联动效益显著，书香氛围浓厚

依托总分馆集群管理体制，东莞图书馆在阅读推广工作中积极利用市、镇、村三级图书馆（室）网点遍布全市的阵地优势，通过"东莞读书节""扫码看书，百（全）城共读""悦读，在路上""儿童故事大王比赛""读书知识巡展""优秀讲座下基层"等一系列品牌活动策划，带动全市公共图书馆广泛联动，覆盖全市，效益彰显。

图 3-12 《熊出没》人偶见面会

（三）探索数字阅读推广新形式

数字阅读具有载体多样化、空间移动化、效能便捷化、服务互动化等特点，因此需要有别于传统阅读推广的方式和载体。"扫码看书，百（全）城共读"就是要通过线上与线下的融合，最大可能地降低阅读的门槛，让每个人都能很容易地获得阅读资源，特别是满足了新媒体阅读的主体人群——中青年群体的阅读需求，让零碎的移动端阅读成为优质阅读。

四、示范效果

（一）"扫码看书，百城共读"活动辐射全国

由于理念创新、活动效果良好，"扫码看书，全城共读"活动被中国图书馆学会阅读推广委员会于 2016 年 10 月正式发文推广至全国，升级成为"阅读推广公益行动——'扫码看书，百城共读'"活动，以引领和推动各图书馆和相关单位的数字阅读推广工作。截至 2017 年底，活动覆盖 29 个省级行政区、逾 300 个市（县、区）。2017 年 10 月，"扫码看书，百城共读"活动项目荣获中国图书馆

学会授予的"2016年阅读推广优秀项目"称号。

（二）"悦读，在路上"活动主题被中国图书馆学会阅读推广委员会采纳成为年度主题

东莞图书馆"悦读，在路上"活动于2014年启动，每年内涵和形式逐步完善提升，其策划与运作突破了以往通常在图书馆内的阅读推广模式，而是进一步拓展图书馆全民阅读工作的覆盖面和受众面，提高图书馆影响力，引导社会将阅读行为融入路途生活。在《中国图书馆学会关于开展2017年"全民阅读"工作的通知》（中图学字〔2017〕19号）中，将"悦读，在路上"作为2017年"全民阅读"工作主题，向全国推广。2017年10月，"悦读，在路上"系列活动项目荣获中国图书馆学会授予的"2016年阅读推广优秀项目"称号。2018年5月，"悦读，在路上"活动项目荣获中国图书馆学会授予的"2017年中国图书馆最美故事"系列风采展示活动之创新案例称号，并在2018年中国图书馆学会年会开幕式上领奖。

（三）"漫画图书馆"建设产生深远的跨行业影响

在本地区辐射方面：东莞图书馆依托总分馆网络，将"漫画图书馆"活动资源和影响力向各分馆及服务网点辐射，协助虎门图书馆举办"首届虎门动漫节"，东莞漫画图书馆与大岭山第五小学合作成立"少儿漫画阅读与创作基地"，并成为了东莞市动漫行业协会副会长单位。

在跨行业影响方面：东莞图书馆组织漫画家见面会、漫画家原稿展、动漫企业推广活动等，扩大漫画图书馆在动漫行业内的影响。2017年，中国图书馆学会阅读推广委员会图书馆与社会阅读专业委员会主办、东莞图书馆漫画馆承办了"动画中国——2017东莞动漫之夏"，吸引了6.1万人次积极参与，荣获中国图书馆学会阅读推广委员会授予的"2017年优秀阅读推广案例"称号，并向全国推广，扩大了漫画图书馆在图情行业中的影响。

第四节 佛山市图书馆

一、图书馆简介

佛山市图书馆成立于 1957 年，是"国家一级图书馆""全国文化先进单位""全民阅读先进单位"。现馆舍于 2014 年 12 月 6 日正式开放。原馆舍经过改造设为祖庙分馆。两馆合计建筑面积达 4.7 万平方米，藏书 200 多万册，其中古籍 4 万多册，中外报刊 3000 余种，另有 9 个大型专题数据库。全馆阅览座席达 2500 个，读者用计算机 200 多台，实现了无线网络全覆盖。2017 年，全馆接待读者共计 204 万人次，举办文化活动达 2198 多场，年文献流通量达 278 万册，累计办理借书证 41.6 万个。作为集阅读推广、社会教育、信息共享、文化休闲为一体的城市文化客厅，佛山市图书馆多年来积极推动全民阅读的深入发展，打造"佛山阅读联盟""南风讲坛""佛山领读者""邻里图书馆"等多项文化品牌，引领城市阅读风尚，营造良好的阅读氛围。2011 年，佛山市图书馆荣获"全民阅读示范基地"称号。

图 3-13 佛山市图书馆外景

二、开展的全民阅读主要工作

2017 年，佛山市图书馆加快佛山市联合图书馆体系建设，广泛带动社会力量积极参与全民阅读，通过阵地建设、服务升级、社会联动、活动渗透，形成以市民文化需求为导向、以体系建设为抓手、以资源整合为保障、以文化志愿者为骨干的互联互补互动的阅读推广活动运行机制。

（一）以市民文化需求为导向，策划多品牌阅读推广活动

佛山市图书馆于 2015 年提出"服务活动化，活动品牌化"的理念，根据图书馆社会功能、服务群体、资源布局、场地设施等因素，把全馆活动划归八大品牌系列，让传统业务与时俱进，形成具有互动感、体验感、获得感的文化活动。同时，以项目管理为抓手，通过加强组织、统筹规划、社会合作，有机整合图书馆资源，形成有积累、有影响、有内涵的阅读推广活动，带动图书馆业务升级转型。

（二）以体系建设为抓手，打通全民阅读的"最后一公里"

多年来，佛山市图书馆积极推进佛山市联合图书馆建设。截至 2017 年 12 月 31 日，联合图书馆成员馆已发展至 226 家，涵盖公共馆、街道馆、村居馆、学校图书馆、部队图书馆等不同类型的图书馆，实现统一服务形象、统一联合书目检索平台、一证通借通还、数字资源共建共享等服务。同时，利用移动智能图书馆，持续开展流动式服务，为远离图书馆的社区、企业、学校、医院及特殊群体送文化服务上门。2017 年，联合图书馆建立流动服务点 136 个，上门服务达 626 次，服务读者 5.5 万人，开展文化活动下基层共 344 场。此外，佛山市图书馆组建佛山市公共文化设施联盟，整合图书馆、博物馆、文化馆、科技馆、少年宫、工人文化宫、儿童活动中心及世纪莲体育中心、岭南明珠体育中心等九大文体场馆的场地、活动与人才，实现合作共融、信息互通、品牌同创、人才培育，开启佛山标准化、均等化、数字化、社会化、品牌化的公共文化服务新格局。

（三）以资源整合为保障，激励社会力量参与公共文化服务

从 2016 年起，佛山市图书馆倡导组建佛山阅读联盟，以政策驱动、示范带动、服务促动等方式，通过吸纳、联合、培育、孵化民间阅读社团，整合出版、教育、科研等同质阵营，兼容商业、居住、旅游、餐饮等异质网络，聚合社会阅读资源，

实现资源共享和协同合作，向社会传递阅读理念，提供丰富多彩的阅读资源和精准化的阅读服务；以项目运作的方式，激活成员活力，形成一批具有社会价值与开发潜力的阅读推广项目，在实现社会资源和公共文化资源有效对接的同时，吸纳更多社会资本投入全民阅读，为图书馆、企业与公益团队之间搭建新型伙伴关系。

图 3-14　在 2017 年 4 月 22 日全民阅读系列活动启动仪式上，佛山阅读联盟为星级读书会颁奖

（四）以文化志愿者为骨干，打造公共文化服务特色团队

近年来，佛山市图书馆立足阅读推广，依托品牌活动打造文化志愿者特色团队，通过社会化发展、制度化建设、项目化运作和规范化管理，让广大市民直接参与运营智能图书馆等公共文化空间、开展阅读推广活动、开发各类文化产品，从而增强佛山市图书馆阅读推广服务的供给力与覆盖面，让大量的优质文化资源随着文化志愿者活动的开展而渗透基层，为公共文化服务体系的完善，特别是乡镇（街道）、社区文化服务组织模式的优化提供重要保障。

三、活动特点与亮点

（一）构建立足服务的阅读活动体系

1. 以服务内容为原点的"八大品牌"

目前，佛山市图书馆建成以"八大品牌"为主干的阅读活动体系，包括：公共教育品牌公益讲座"南风讲坛"、公益培训品牌"南风学堂"；亲子阅读品牌"蜂蜂故事会"；地方文化保育品牌"品读佛山"；数字资源建设与推广品牌"数字图书馆"；国际文化交流品牌"佛图群'英'会"；以及针对视障读者的"阅读·温暖佛山视障关爱行动"、针对异地务工家庭的"筑梦佛山"文化艺术夏令营阅读分营。通过实行分类品牌战略，避免阅读推广活动的同质化发展，强化活动的独特性、针对性与识别性，为不同的阅读社群提供符合其阅读特点、满足其阅读需求、适应其阅读习惯的专属活动，提升了阅读活动的品质、品相以及社会影响力与认知度。

2. 以服务创新为目标的活动项目

从 2011 年开始，佛山市图书馆贯彻"项目立馆"的办馆理念，通过项目管理带动图书馆业务升级转型，鼓励广大馆员深挖图书馆阵地、服务、资源等，提升图书馆的服务效能，形成了玩具陪伴阅读、佛图公开课、文化现场、音乐集结号等一批创新型的活动项目，在盘活佛山市图书馆主题阅读空间的同时，有效提升佛山市图书馆资源的使用率，如，2017 年，立足阅读指导与数字资源推广，推出"佛山领读者"活动，邀请 12 位名家以"拆书、说书"的形式，通过自媒体平台带动读者精读 12 本经典图书，配合开展专题阅读讲座、朗诵活动、"说书人"大赛等活动，以社交阅读的方式推动馆藏资源的推广。活动共吸引超过 40 万市民跟读，直接带动佛山市图书馆电子书资源下载量提升近 30 倍，电子书所属的中文在线电子书库总点击量近 10 万次，下载量超过 7 万次。2018 年，"佛山领读者"活动被列入广东省全民阅读重点活动之一。

（二）搭建覆盖全市的阅读服务网络

2017 年，佛山市图书馆持续向佛山市各区、镇街公共图书馆及学校、企业、基层文化设施等输出讲座、展览、培训、阅读分享会等活动超过 100 场。"佛图群'英'会"更因与禅城区图书馆、南海区图书馆、顺德图书馆等签约，升级为"联图群英会"，成为佛山市联合图书馆的活动品牌。此外，佛山市图书馆在乐从明德小学、铁军小学、大墩中学、沙滘中学等学校，以及佛山市、顺德区老年干部大学等建立"馆外阅读推广基地"，定向输送个性化读书活动10场，还通过评选"书香企业""书香镇街"推荐活动、"寻找佛山最美阅读空间"活动，加强图书馆与企业、镇街和民营书店的联系，通过示范带动、活动输出推广全民阅读，营造浓厚的书香氛围。

2017年12月，佛山市图书馆着手筹备"千家万户"阅暖工程：邻里图书馆，在盘活市民家庭藏书的同时，通过提升借阅权限、优化转借服务、提供图书及文化活动资源等有效手段，使公共图书馆的阅读服务植根家庭，辐射邻里亲朋，把"全民阅读"的基因植入社区，促进知识交流，推动社会融合。项目目标建设邻里图书馆1000家，辐射家庭10000户。

（三）形成多元的全民阅读参与模式

1. 整合阅读资源，培育阅读力量

图3-15　2017年8月11日，佛山领读者走进南国书香节（佛山分会场）推广全民阅读

2017年，佛山阅读联盟成员发展至50家。其中，主题读书会38个、社会阅读合作伙伴12个，全年开展阅读推广活动449场，参与读者超过4万人次，开发出古诗文吟诵读书会"国学及古诗文系列课程"、佛山趁早读书会"女性领导力论坛"、吴晓波佛山书友会"理财经系列分享活动"等品牌阅读活动。活动阵地覆盖五区，除市、区各级图书馆外，联盟全年向智能图书馆、学校、社区以及公共文化设施联盟成员等输出活动213场。樊登读书会、趁早读书会、吴晓波佛山书友会等大型阅读社团还被邀请走进南国书香节（佛山分会场）、南海区社区文化节等大型文化活动，深受市民的欢迎。

2. 调动社会力量深度参与公共文化服务

目前，佛山市图书馆建立了"蜂蜂家族"讲故事团队、公共教育团队、书法团队、朗诵团队以及服务视障读者的"佛图朗读者"等特色阅读推广文化志愿者团队，为广大读者提供丰富的阅读服务。其中，"佛山文化志愿者·市民馆长"通过邀请市民以文化志愿者的身份担任智能图书馆的"馆长"，利用自己的时间、文艺技能或个人特长等，参与智能图书馆的管理、运营以及文化活动的策划、组织，增强智能图书馆的社会活力并提升其社会效能。2017年，"市民馆长"服务智能图书馆已超过12家，为市民带来文化、艺术、教育、科技等活动近200场。2018年3月，项目荣获"首届公共图书馆创新创意征集推广活动最佳创新奖"。

四、示范效果

通过品牌化、标准化的阅读推广活动体系建设，佛山市图书馆形成一批标准化、复制性强、传播价值高的活动样本，在有效实现活动输出的同时，又建立起"佛山有声"阅读推广活动音视频资源库，把优秀的阅读推广活动制成慕课或短音频，投放到优酷网、喜马拉雅FM、花生FM、佛山市图书馆微信公众号等网络平台以及电视图书馆。2017年，各端口资源收获观众超过200万人。

此外，结合"粤读越精彩"全民阅读活动、南国书香节、廉洁读书月等大型文化品牌，佛山市图书馆又承办了全国少年儿童"图画书故事衣"创作大赛、"书香岭南 悦读生活"摄影及视频创作大赛、广东全民英语口语大赛、广东省英语电影配音大赛、广东省演讲比赛、盲人散文创作比赛等大型阅读推广活动的佛山分会赛区的比赛，带动区域基层图书馆、公共文化服务窗口开展全民阅读活动，发动广大市民积极参与，在多项大赛中荣获优秀组织奖。同时，依托佛山市联合图书馆、佛山市公共文化设施联盟、佛山市图书馆学会等，进一步扩大佛山市网络诵读大赛、佛山市"说书人"大赛、广东省英语电影配音大赛佛山分赛等品牌阅读竞技活动的社会影响力，在区、镇街公共图书馆、学校等各基层阅读阵地开展分会场活动超过 50 个，直接带动超过 10 万市民参与。

第五节　苏州图书馆

一、图书馆简介

苏州图书馆始建于 1914 年，其前身是清末正谊书院学古堂，曾为"江苏省立第二图书馆"，是我国创办较早的公共图书馆之一，至今已经有 100 多年的历史，是国家一级图书馆。

苏州图书馆总馆位于苏州市人民路 858 号，占地 16000 平方米，建筑面积 25000 平方米，是一座园林化的现代图书馆。设有书刊外借室、各科阅览室、计算机信息中心、科技情报中心、采编中心等。配设阅览座位 1500 余个，现存藏书 453 万册（件），设有苏州图书馆网站（www.szlib.com），拥有丰富的电子图书和数字资源。

苏州图书馆始终把推进全民阅读作为工作的重点，积极构建城市公共图书馆服务体系，推出各类便民惠民服务项目，开展针对各类人群的阅读推广活动，充分发挥全民阅读的主阵地作用。2009 年，苏州图书馆荣获"全民阅读示范基地"称号。获得此项荣誉称号以来，苏州图书馆再接再厉，不断优化服务体系，激发社会活力，彰显服务特色，提升服务效能，全面加强全民阅读推广工作。到馆读者访问量连年保持增长，2017 年，苏州图书馆共接待读者 1110.8 万人次，比 2009 年的 426 万人次增长了 160%；文献资料外借 497.6 万册次，比 2009 年增长了 234%。2017 年，开展各类读者活动共计 2432 场次，比 2009 年的 500 场增长了 386%，吸引了 25.7 万余人次参与活动。

图 3-16 苏州图书馆外景

二、开展的全民阅读主要工作

（一）健全阅读服务设施，优化阅读服务体系

在苏州城区总分馆服务体系已基本实现全覆盖的基础上，根据"书香社会"建设的新形势和新要求，进一步健全服务设施和服务方式。目前，苏州图书馆已形成由 1 个总馆、81 个分馆、98 个"网上借阅社区投递"服务点、2 辆流动图书车和 1 套"文化方舱"组成的全方位综合性服务体系，开设了"苏州图书馆服务号""书香苏州订阅号""苏州图书馆官方微博"等微博、微信公众号，吸引了大批粉丝关注苏州图书馆的阅读推广活动。为市民提供普惠、均等、优质、高效的公共图书馆服务，基本完成了"建立覆盖城乡、便捷实用的公共图书馆服务网络"的图书馆建设目标。

苏州第二图书馆建设项目于 2013 年正式立项。2017 年 9 月 15 日，主体结构顺利实现封顶，取得了阶段性成果。苏州第二图书馆立足苏州特色，借鉴国际、国内先进经验，瞄准国内一流水平，着力凸显阅读学习与文化休闲相互交融、图书馆与市民公共空间有机结合的设计理念，建成后必将成为苏州市全民阅读的又一个重要阵地。

（二）积极打造阅读推广项目品牌

图 3-17　苏州图书馆工作人员走进社区为小朋友们免费发放"阅读大礼包"

2009 年至今，苏州图书馆打造并完善了一大批在本地区乃至全国具有重要影响力的阅读推广服务项目，这些项目包括："苏州大讲坛"公益讲座、"4·23"广场经典美文诵读活动、"书苑天香"俱乐部、"你选书我买单"惠民服务、"我们的节日"系列活动、扶老上网、青少年科普主题活动、"悦读宝贝"计划等。另外，各分馆也常年开展各类型的阅读服务活动，为周边市民提供阅读便利。

（三）推动社会力量共同参与

在全民阅读理念日渐深入社会大众的过程中，各级机关、企业、学校和家庭对于阅读越发重视，苏州图书馆紧抓"书香苏州"建设的契机，不断拓展服务方式，全面激发社会活力。2017 年，科技城医院分馆、园博分馆、"书香国检""书香营业厅"、社会福利总院图书流通点的陆续揭牌让公共文化服务日渐成为市民随时随地都可以享受到的社会福利，把阅读融入了市民的衣食住行。

（四）"苏州市全民阅读促进会"充分发挥平台作用

苏州市全民阅读促进会（以下简称："促进会"）是由苏州市从事阅读推广的企事业单位、社会组织及个人自愿组成的全市性、联合性、非营利性的阅读联盟组织。自2014年成立以来，通过加强会员之间的联系、交流与合作，凝聚全市阅读力量，在引领社会阅读风气、促进书香城市建设中发挥了积极作用。截至2017年底，"苏州市全民阅读促进会"拥有团体会员103家，其中民间阅读组织达40多家。2017年，促进会联合全市范围内20多家国有书店与民营书店共推出"阅读书香卡"2万张，同时加大了对优秀实体书店的推广力度；持续出版会刊《书香苏州》，并增设"缤纷阅读"栏目，使会刊成为引领苏州市全民阅读活动的重要载体和平台；与《苏州日报》联合开办的"好书大家读"专栏征文活动，与苏州市文广新局、《姑苏晚报》联合开展的"晒书房传书香"征文活动，也都产生了较大的社会影响力；通过自媒体微信公众号，成功搭建了公共阅读信息交流沟通平台。此外，促进会还配合苏州市文广新局开展了实体书店的"双优"评选和社会阅读组织、阅读推广人、创新阅读项目的"三优"评选，为促进全民阅读、加快"书香苏州"建设起到积极的推动作用。

（五）积极进行阅读推广实践总结和理论探索

苏州图书馆作为中国图书馆学会阅读推广委员会副主任所在单位及内设机构的挂靠单位，积极组织开展业界同行间的交流活动，承办中国图书馆学会年会的分会场及其他相关活动。馆员在积极开展阅读推广的实践基础上，注重对在此过程中的经验与体会进行提炼总结，撰写论文与业界同行分享与交流。2009—2017年，在省级以上及专业会议累计发表论文131篇，出版专著30部。

三、活动特点与亮点

（一）率先开展"网上借阅社区投递"服务

为了更好地给苏州市民提供优良的服务，2014年苏州图书馆借鉴新兴起的O2O（Online to Offline，从线上到线下）模式自主开发了"网上借阅社区投递"项目。读者通过电脑或手机、平板电脑等移动智能终端访问图书馆的网上借阅平台，提出借阅请求，馆员找到图书后，通过物流系统配送到读者指定的社区分馆或者社区服务点，同时短信通知读者，读者凭证刷卡取书。

截至 2017 年底，苏州图书馆共建成 30 个社区自助投递点、5 个地铁投递点和 63 个分馆投递点共计 98 个投递点，开通"网上借阅社区投递"功能的读者超过 15 万人次，从 2014 年 9 月 20 日网借开始运行到 2017 年底，网借总量达到 2900235 册。

（二）"你选书我买单"使惠民服务更加便捷

苏州图书馆于 2014 年 9 月起推出一项全新的文化惠民举措——"你选书我买单"读者荐书活动。苏州图书馆联合苏州市新华书店、初见书房等国有、民营实力书商开展的"你选书我买单"读者荐书活动，方便并满足广大市民个性化、多元化的阅读需求。读者可以通过现场选书或"书香苏州"网上平台两种途径参与选书活动。另外，图书馆还对选书点覆盖不到的地方提供送书上门服务，获得广大市民的热烈欢迎。目前已累计建成 14 个服务点（其中 1 个网上服务点），分布全市各区，形成了读者、图书馆、书商（书店）等多方共赢的良性循环局面。

（三）"悦读宝贝计划"纳入"阅读起跑线"（Bookstart）全球项目

为提高儿童素质，促进儿童全面发展，充分发挥公共图书馆的社会教育职能，苏州图书馆从 2011 年起启动了"悦读宝贝计划"，这是一项启迪儿童智慧、提升家长亲子阅读能力、培养儿童阅读兴趣和习惯、提供专业阅读指导的系统工程，包括向 0~3 岁婴幼儿免费发放"阅读大礼包"、开设"悦读园"；针对婴幼儿不同年龄特点开展讲故事活动、童话剧比赛、课本剧比赛、故事姐姐等品牌活动；家长沙龙、"家长课堂"培训、"悦读妈妈"志愿者培训、"我给孩子讲故事"比赛等亲子阅读辅导活动；儿童心理健康咨询等关注健康成长活动等。2013 年，"悦读宝贝计划"正式被阅读起跑线（Bookstart）英国总部认可，苏州图书馆成为中国大陆首家成员馆。

（四）"苏州大讲坛"品牌影响力持续提升

"苏州大讲坛"是苏州图书馆公益类讲座的总称。自创办以来，截至 2017 年累计开展面授讲座 1286 期，23 万名读者听取了讲座。"苏州大讲坛"有效地提升了市民的综合素养，真正发挥了公共图书馆作为社会公益文化事业和社会教育重要场所的作用，同时也体现了苏州文化的发展需求和不断追求进步的本质，成为维护公众基本文化权利和满足公众文化需求的一道亮丽的"风景线"。

（五）关注弱势群体，重视人文关怀

图 3-18 苏州图书馆为盲人举办"真人图书馆"活动

苏州图书馆持续为老年人、外来务工人员、残障人士等提供有针对性的服务。例如，为帮助老年人掌握数字信息技能，跟上时代步伐，总分馆长期开展"扶老上网"免费计算机培训；针对视障群体长年开展"我是你的眼"视障主题活动，提供志愿者"读书读报""盲文培训""推拿日语、英语培训""盲人才艺表演""户外系列活动"等服务，并于 2017 年精心打造了"真人图书馆"，由志愿者们为视障读者讲解图书、表演节目、分享见闻等，丰富视障读者的精神文化需求。积极为外来务工人员提供图书馆服务，专门在外来务工人员集中居住区开设了"景山

分馆"，潼泾分馆自 2010 年起针对外来务工人员子女的"小候鸟"服务项目，荣获"美国图书馆协会年度主席国际创新奖"。

四、示范效果

（一）苏州市总分馆体系建设全面开花

苏州图书馆于 2005 年开始着手总分馆体系建设，在图书馆界开创了总分馆体系建设的"苏图模式"，引起业界关注。在苏州图书馆总分馆体系建设的示范带动下，苏州市公共图书馆又形成了 7 个以县、市、区图书馆为总馆、乡镇（街道）图书馆为分馆、村（社区）基层综合信息服务中心为基层服务点的总分馆体系，目前全市分馆数为 363 个，年接待读者超过 2500 万人次。

（二）在全国公共图书馆中率先开展"网上借阅社区投递"服务

苏州图书馆开风气之先，在全国率先推出线上线下相结合的"网上借阅社区投递"服务，打通了惠民服务的"最后一公里"，极大地提高了图书馆资源和服务的利用效率。

苏州图书馆自主开发的网借系统在全国首发上线之后，国内许多省市的文广局和公共图书馆的领导、同行前来参观学习，并有不少地区开始着手本地区的图书网借系统建设。目前已有合肥市、杭州市、厦门市、济南市、重庆市、上海市杨浦区、扬州市、无锡市、广州市越秀区、宁波等 56 家图书馆网借系统上线。

（三）"悦读宝贝计划"引领低幼儿童服务

苏州图书馆借鉴源于英国的阅读起跑线（Bookstart）项目，从 2011 年起启动了"悦读宝贝计划"，针对低幼儿童开展阅读服务，取得了良好的社会效应。2013 年，被阅读起跑线（Bookstart）英国总部认可，苏州图书馆成为中国大陆首家成员馆。这一活动首先在苏州大市范围内得到推广，其他许多地区虽然还没有正式加入"Bookstart"，但受其理念的影响和启发，也纷纷将关注点投向低幼儿阅读，开展了丰富多彩的低幼儿阅读服务和推广活动。

第六节 太原市图书馆

一、图书馆简介

太原市图书馆新馆于 2017 年 10 月 1 日对外开放，内部装饰以崔愷院士提出的"书宅大院，中式风格"为总基调，将中国书院、三晋院落、城市空间、汾河景观引入阅读空间，用端庄雅致的阅览书架、桌椅和精致温馨的阅览灯具营造出典雅、静谧、休闲的空间氛围。温馨典雅的小空间和三面围合的静谧空间成为太图特色，全年 365 天免费开放，共有 60 个阅读服务区域，3616 个阅览座位。馆藏文献种类丰富，国内外纸质文献资料总量 143.87 万册（件），古籍 10 万余册（含善本近 1 万册），在全国地市级图书馆名列前茅。太原市图书馆 2011 年荣获中国图书馆学会颁发的"全民阅读示范基地"称号。

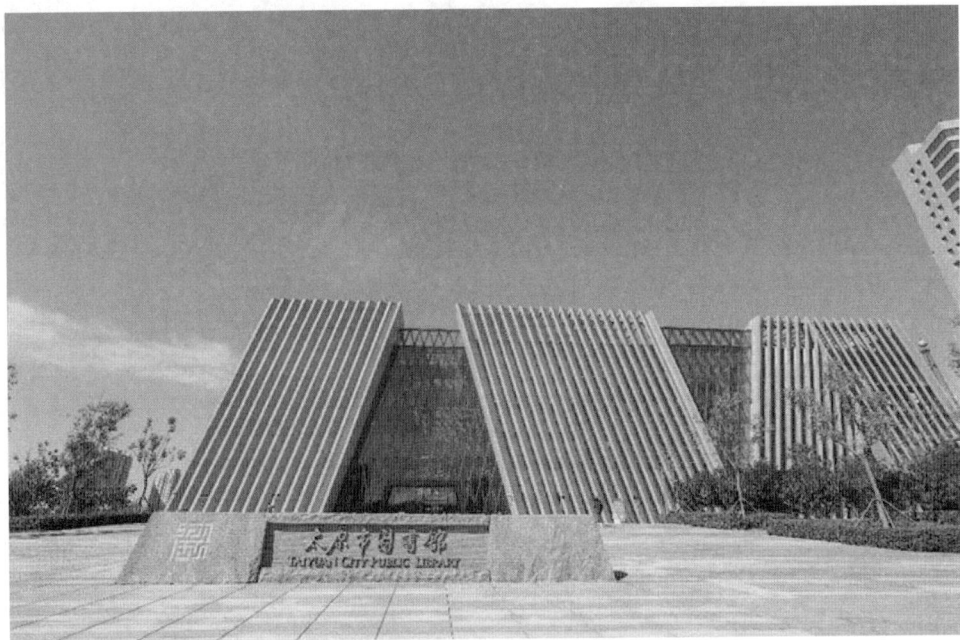

图 3-19 太原市图书馆外景

二、开展的全民阅读主要工作

2017 年，太原市图书馆在改扩建期间，提出"闭馆不闭服务"的新型服务理念，以"书香太原"为品牌，以"图书馆＋"创新阅读推广模式，为市民开展多种多样的"全民阅读"活动。

（一）"两节"文化全民阅读活动书香浓厚

在"两节"期间，太原市图书馆开展两节文化惠民系列活动，举办温暖心灵"馆长赠书"送祝福活动2场，向500名读者送出祝福；开展楹联书写活动，向市民送出对联500幅；元宵节举办猜谜活动2场，共3000余人参加；市民课堂特别策划"指尖上的非遗"活动6场，非遗传承人做客太图宣传本土优秀文化，共620人参加；集贤堂举办画展，丰富节日生活，让书香雅韵、传统文化萦绕两节。

图3-20　太原市图书馆在大年初一举办"馆长赠书"送祝福活动

（二）"4·23"世界读书日、"5·23"图书馆服务宣传周推出公益阅读推广活动

2017年世界读书日启动"书香太原——你选书、我买单"活动，办理借书1978种、2332册；开展"扫码看书，百城共读"活动，通过登录官方微信平台扫描电子图书二维码的阅读方式，给市民不一样的体验；举办"经典期刊，免费阅读"活动，200种大众主流杂志均可实现手机在线阅读；开展"文津奖"图书

推荐阅读,图书馆在官方微信平台"每日好书"栏目推荐第十二届"文津图奖"54种入围图书,引领阅读风尚。

(三)"相约新太图 文韵满并州"新馆开馆活动开启全民阅读新篇章

自 2017 年新馆开馆以来,"太图讲坛"组织开展"解密山西""生活的艺术""走近国学""养生有道""文化走基层""特别策划"六大系列讲座,共 22 场,累计参加人数约 6600 人。

在新馆体验月活动期间,太原市图书馆通过开展"全民诵读""太图讲坛""读者沙龙""少儿活动""电影播放"等系列全民阅读活动 70 场,在全市营造了浓郁的书香氛围,活动现场座无虚席。

图 3-21　2017 年 12 月 16 日,著名作家曹文轩走进太图,推开写作之门

(四)"真人图书馆"品牌活动开展近 20 场

2016 年,太原市图书馆开展真人图书馆近 20 场,邀请各种不同人生经历的人来讲述自己的故事,分享自己的人生。其中,文先森家庭品读汇、戒毒所女警花的亲历历程等,得到了全市市民广泛参与。

(五)完善"书香太原"阅读推广联盟工作

发展壮大全市各阅读团队、阅读志愿者等队伍,广泛联合公共图书馆、国企书店、私人书吧、民间读书组织、学校及宣传媒体、网络阅读等行业及从事阅读研究与实践的专家学者、阅读推广人,凝聚热爱阅读的社会公众,构建联盟活动平台和对话空间，整合各方优势资源，开展各类阅读推广活动。

（六）通过品牌化、系列化的阅读文化推广活动重塑公众对新时代公共图书馆的热情

2017 年 10 月，太原市图书馆新馆开馆后，采取"图书馆+"理念，全民公益文化，全民参与建设。以"传承文明、涵养文化、温暖心灵"为愿景，借助书香联盟优势，原创书香雅集、太图讲坛、市民课堂等全民阅读文化品牌，拓展公共文化阅读新空间。以品牌化系列化活动推广全民阅读，精准定位各类人群，最大限度发挥公共文化服务场馆的功能，极大增强读者与图书馆的粘合度，公共文化服务效能显著提升。

三、活动特点与亮点

（一）阅读推广联盟化，成立"书香太原全民阅读推广联盟"

太原市图书馆牵头，联合其他公共图书馆、国企书店、私人书吧、民间读书组织等 60 多家单位，成立全国首家以公共图书馆为主体、社会阅读力量参与的"书香太原全民阅读推广联盟"。凝聚热爱阅读的社会公众，构建联盟活动平台和对话空间。整合各方优势资源，开展全方位、立体化、多层次各类阅读推广活动，包括少儿精细化阅读、有声诵读推广、经典阅读推广和各读书会等多种形式。

（二）创立"书香太原"阅读品牌 LOGO

"书香太原全民阅读推广联盟"是山西省内首家将阅读推广品牌化的联盟组织。2016 年 4 月向市民推出"书香太原"品牌，创立"书香太原"标志，为树立城市文化形象，打造文化精品起到良好的促进作用。LOGO 形象元素包含龙、书、书香太原等元素。

（三）阅读推广创新化，推出手绘《"书香太原"全民悦读地图》

一张图找到太原市阅读好去处。由太原市文化局主办，太原市图书馆、"书香太原全民阅读推广联盟"共同策划，推出手绘《"书香太原"城市悦读地图》，在 2017 年"4·23"世界读书日向市民公布发放，这是暨国内深圳、厦门、温州之后全国第四家，省内第一家推出设计制作的城市阅读地图。

（四）阅读推广系列化，策划全民阅读文化品牌活动

太原市图书馆采取"图书馆＋"理念，全民阅读，全民参与。发挥不同社会团队机构的特长优势，开展少儿精细化阅读；弘扬传统文化，结合山西文旅融合，创新服务品牌，原创书香雅集、太图讲坛、市民课堂等全民阅读原创文化品牌。

四、示范效果

（一）品牌活动成效显著，全民阅读活动品牌遍地开花

创新思路，激发活力，致力打造空间雅致、文献丰富、服务创新的新太图，新馆顺利开放，市民好评如潮。2017 年 10 月 1 日，历经三年紧张的改扩建，太原市图书馆新馆伴随着"相约新太图 文韵满并州"全民阅读活动徐徐拉开序幕，以崭新姿态诠释厚重内涵，以至臻服务迎接八方来宾。市民纷纷对书香四溢的阅读空间、种类丰富的文献资源、灵活创新的服务理念点赞，称赞市委、市政府投资建设这一文化场所为市民带来了文化福祉。

开馆当天，太原市图书馆在新馆报告厅举行了"相约新太图 文韵满并州"全民阅读活动启动仪式，并且开展了一系列全民阅读活动，在开馆当天为广大市民奉献上了精美的文化大餐。新馆开馆以来，太图通过开展"全民诵读""太图讲坛""读者沙龙""少儿活动""电影播放"等系列全民阅读活动，在全市营造了浓郁的书香氛围，截至 2017 年 10 月 31 日，文献总流通册次 104408 册次，服务总流通人次 223642 人次，日均接待量约 7000 人次，单日接待量最高达 20000 人次，新办读者证 19826 张；开展志愿者服务活动约 100 余次，参与人数约 5000 人次；接待社会团体参观 60 次近 3000 余人，产生前所未有的社会效益。同时形成了书香雅集、太图讲座、市民课堂、文创沙龙、心灵港湾、太图有戏、漪韵读书、E 起说吧、嘻哈书院、太宝 Party、文化志愿者、太图视界等全民阅读文化品牌。2017 年太原市图书馆在闭馆不闭服务的情况下，总计开展各类活动 340 余场，参与读者活动人数近 71 万人次。

（二）媒体聚焦最美图书馆，社会影响力显著提升

新馆一经开放，备受媒体关注。一流的公共文化服务、丰富的全民阅读活动，

各大主流媒体纷纷报道近 200 次。太图全民阅读推广活动不仅得到社会的关注，也得到业界的肯定。中央级媒体报道共计 4 次；新媒体海量报道，在网络间快速传播太图精神，各大门户网站新浪、搜狐、网易新闻，省市级新媒体山西新闻网等发表、转载相关新闻稿件 400 余次。

第四讲
县级公共图书馆选编

第一节　敦化市图书馆

一、图书馆简介

敦化市图书馆占地面积 20000 平方米，建筑面积 4510 平方米，建有分馆 17 个，服务网点 343 个。设有 9 个对外服务窗口，分别是：报刊阅览室、期刊外借室、图书外借室、中小学生借阅室、电子阅览室、社会教育部、地方文献室、证务中心、自修室，同时还设有报告厅、展厅和培训室。阅览室坐席共计 335 个，其中少儿阅览坐席 60 个。有计算机 102 台，选用 Interlib3.0 版图书馆集群管理系统。截至 2017 年底，总藏量 350650 册（件），其中，纸质文献 328687 册，视听文献 16377 件（套）；年均流通 34 万人次，文献外借 23 万册次；年均举办各类读者活动 88 次以上，其中阅读推广活动可达 45 次。全馆无线网络覆盖率 100%，网络宽带可达 100Mbps。在吉林省内率先实行"芝麻信用免押金办证扫码借阅"服务模式，有 OPAC 馆藏统一数字揭示平台，并开通"手机移动图书馆"，微信公众平台和门户网站。建有百年敦化特色资源数据库、敦化文物数据库、敦化特产数据库、地方文献全文数据库。搭建了敦化市公共文化数字服务平台，进一步推动了全市公共数字文化的发展。

自2003年起，敦化市图书馆连续4次被文化部确定为国家"县级一级图书馆"；被文化部、中宣部评为"全国文化信息资源共享工程公共电子阅览室示范点""公共文化设施管理先进单位""全国服务农民、服务基层文化建设先进集体"。2014年，敦化市图书馆被中国图书馆学会评为"全民阅读示范基地"；2016年被吉林省妇联、吉林省新闻出版广电局命名为吉林省同悦书香"她空间"；被敦化市委、市政府评为"2015—2017年度全市精神文明窗口单位"。

图4-1　敦化市图书馆外景

二、开展的全民阅读主要工作

（一）提升站位，把全民阅读活动融入全市文化发展战略

2017年，敦化市图书馆以"创建全国文明城"为契机，促使敦化市委、市政府将全民阅读活动更深地融入全市文化发展战略体系中，在全市开展了"共享图书·全民阅读"活动。以1个图书馆为基地、1个"阅读广场"为基点、3个"德润书屋"为支撑、86个公交"图书翼站"为辐射，构建了"11386"公共阅读服务体系，进一步拓展公共阅读空间，实现知识流动和公共阅读全覆盖。其中，"11386"工程重点打造的阅读广场和德润书屋，在吉林省全民阅读协会和《新文

化报》联合主办的评选活动中，被授予"最美阅读空间"称号。

同时，还将 303 个行政村农家书屋，4 个街道、19 个社区图书室全部纳入全民阅读服务体系，促进城乡共同开展全民阅读活动。通过开展"文化惠农直通车""农民文化活动月""十佳书屋"评选等形式多样的文化活动，使群众体验到阅读的乐趣，并从中受益，近三年累计受益人数 10 万人。此外，敦化市图书馆还积极向上级部门争取专项图书，对农家书屋、社区图书室进行大力扶持和业务指导，有效地推动了全民阅读活动的开展。

图 4-2　"共享图书·全民阅读"活动

（二）全城动员，组织引导社会各方力量共同参与

敦化市图书馆在全民阅读推广活动中，积极引导社会各方力量共同参与。每年结合延边州读书节、图书馆服务宣传周、"4·23 世界读书日""五一"文化体育游园节等，广泛组织开展全民阅读推广宣传。多年来，敦化市图书馆一直开展送图书进农村、进军营、进社区、进学校、进机关、进企业等活动。2017 年，先后走进社会福利中心、森警大蒲柴河中队、敦化武警中队、敦化市特殊教育学校等多家单位，送去各类图书 2 万余册。在构建全民阅读体系中，图书馆通过对阅读广场、渤海德润书屋、公交"图书翼站"图书的投放和维护，确保市民群众在

候车、乘车途中以阅读为伴，全民阅读蔚然成风。

（三）以人为本，提升全民阅读公共服务水平

敦化市图书馆利用电视台、报社、微信公众号等媒介载体，向广大市民推荐全民阅读新书目，开展书评互动活动，倡导优质阅读；通过"图书漂流""义务小馆员"社会实践、"悦动吉林·健康生活"走进图书馆、"六一"儿童游园会、"小蓓蕾绘本故事会"等品牌活动，促进未成年人阅读；常年开展"文化志愿者"服务活动，鼓励有志于文化服务的优秀读者参与到图书馆日常工作中来。重视开展特殊群体阅读活动，为残障人士新建绿色通道、残障卫生间，增设视障图书阅览区，配备盲文图书200余册、电子助视器、聆悦听书机和盲人专用电脑等设备，确保残障群体、特殊群体的基本阅读需求。通过组织开展亮点纷呈、频繁活跃的全民阅读品牌活动，拓宽辐射面、提升影响力，提升全民阅读公共服务水平，积极打造"书香敦化"。2017年，敦化市在"延边读书节"活动中获得"优秀组织奖""先进集体奖"等。

三、活动特点与亮点

（1）2017年，敦化市以1个图书馆为基地、1个"阅读广场"为基点、3个"德润书屋"为支撑、86个公交"图书翼站"为辐射，在延边州乃至吉林省率先构建出独具特色的"11386"公共阅读服务体系，敦化市图书馆在其中起到了重要作用。通过全市动员，敦化市图书馆接收了来自全市各界捐赠的10万多册图书，经过分类、整理、加工后，分批次投放至"图书翼站""公交车""阅读广场"和"德润书屋"。在全市上下形成"大家捐书，人人看书"的阅读氛围，激发了市民群众的阅读激情，共同巩固促进了全民阅读推广活动的开展。

（2）渤海广场"德润书屋"是2017年敦化市图书馆重点建设的图书分馆。该书屋位于敦化市区繁华路段，地处渤海广场，辐射市民众多。书屋面积近百平方米，设有阅览桌椅、电子书阅读机、公共文化服务一体机、图书11000册、期刊100种600册、报纸10余种、电子图书4000余册。在"德润书屋"，传统纸质阅读和数字阅读并重，可以满足不同年龄、不同群体读者的阅读需求。"德润书屋"对社会公众免费开放，市民可通过自助办证机、自助借还机等设备及芝麻信

用免押金借还功能实现全自助借阅。"德润书屋"自正式开放以来，已接待读者5万多人次。渤海广场"德润书屋"作为图书馆服务触角的延伸，为推动敦化市全民阅读工作起到了积极作用。

图 4-3 德润书屋内景

四、示范效果

敦化市图书馆积极参与"11386"全民阅读体系的构建，在全市掀起了全民阅读热潮，在吉林省、延边州范围内引起较大反响。省、州、市主要领导和业界同仁多次莅临参观调研，各级各类媒体争相报道；延边州第十一届读书节表彰现场会于 2018 年 3 月在敦化市召开，全州 8 个县、市的相关领导、图书馆同行和社会各界人士来到敦化，现场考察参观了敦化市图书馆、阅读广场、渤海广场德润书屋、开发区地税局和红旗社区，共同交流借鉴敦化市全民阅读工作经验，全民阅读成为了敦化城市发展的重要内容和显著标志。

城市因书香而美丽，人生因阅读而精彩。敦化市图书馆作为"全民阅读示范基地"，将继续以培育和践行社会主义核心价值观为自觉追求和精神动力，深入推动敦化市全民阅读工作的蓬勃发展。

第二节　江阴市图书馆

一、图书馆简介

江阴市图书馆始建于 1936 年，1987 年独立建馆。新图书馆于 2005 年落成开放，占地面积约 5100 平方米，建筑面积达 14300 多平方米，馆藏图书 200 多万册。近年来，江阴市图书馆年均接待读者 280 多万人次，图书借阅 210 多万册次。曾多次被评为"国家一级图书馆"和"全国文明图书馆"，并荣获全国"最美基层图书馆""全国青年文明号"等称号。2012 年，被中国图书馆学会评为"全民阅读示范基地"。

图 4-4　江阴市图书馆外景

阅读是文明传承的基础，是人们最根本、最长久的文化需求。长期以来，江阴市图书馆始终坚持"以人为本，读者至上"的服务理念，秉承构建"市民的大书房、城市的大教室、文明的大窗口"的服务导向，紧紧围绕"让更多的人读更多的书"的服务愿景，以提升读者阅读体验为抓手，大力推行"让书走近人"的服务方式，不断完善全市公共图书馆服务体系建设，把"全民阅读"作为提升城市文化品位的重要抓手，用"全民阅读"给江阴城市打上了"学习、创新、创造"的深深印记。

二、开展的全民阅读主要工作

在全民阅读工作中，江阴市图书馆不断发挥自身功能和资源优势，深度推进全民阅读的质量和内涵。近几年，通过"全面提升阅读环境、全面提升阅读资源、全力打造阅读品牌、全力构建阅读服务网络"四全模式，促进了全民终身读书行为习惯的养成，引领了全民阅读新风尚，提升了全民阅读活动的影响力和覆盖面，取得了良好的社会效益。

（一）全面提升阅读环境，让图书馆成为城市"第三空间"

1. 优化馆内布局，阅读环境更加人文化

根据少儿与成人不同的阅读特点，实行分级分区阅读，全新打造占地1500平方米的少儿图书馆，为少儿读者提供专属的阅读空间和"一站式"服务。整体改造升级了"人文式"总服务台、"休闲式"公共电子阅览室、"人性化"综合借阅室等服务窗口，为读者提供了更加宽敞明亮、安静舒适的阅读环境，营造了浓厚的阅读氛围。图书馆已然成为市民生活和工作以外的"第三空间"。

2. 狠抓基础业务，开架图书严密排架

为彻底解决读者"找书难"的问题，自2013年起，江阴市图书馆对所有开架图书重新按索书号严密排架，实行区域包干责任制，实时保证在架图书整齐有序，并对所有图书加贴RFID电子标签，实现借阅智能化，从而保证读者能在短时间内精准定位，找到所需图书。

3. 实现"无卡"借阅，开通免押金办证服务

为进一步方便市民读者，真正实行全民阅读"零门槛"，自2018年1月1日起，江阴市图书馆开始实行二代身份证和市民卡免押金借阅制度。读者还可以通过关注江阴市图书馆微信服务号绑定读者证，在图书馆扫码借书，实现方便快捷的"无卡"借书功能。

4.推出"新书速递吧"，开创服务新模式

自 2014 年起，江阴市图书馆与新华书店合作，创新推出"新书速递吧"，陈列与新华书店同步上架的新书，供读者借阅或购买。读者选定的新书当场就可以借出，购书费用由图书馆与书店结算。"你选书，我买单"的服务模式，极大地缩短了读者新书到手的时间，并以读者的阅读需求为导向，将"图书馆选书，读者被动接受"的传统资源采访模式改为了"图书馆买书，读者说了算"的全新模式。

（二）全面提升阅读资源，让读者悦享海量优质资源

1.科学规划馆藏结构，合理采购纸质资源

科学规划和优化藏书结构，树立长远的藏书发展目标。常年开展各种形式的读者荐购、期刊征订意见调查等活动，广泛征求读者意见，使读者能够阅读到自己喜爱的书籍、报纸和期刊。目前，馆藏书量突破 200 万册。

2.大力发展数字平台，随时随地提供电子资源

进一步加强文化信息资源共享工程、数字图书馆推广工程和公共电子阅览室建设三大公共数字文化工程。先后建设完成江阴数字图书馆、移动图书馆、微信图书馆等数字化服务平台。以 24 小时馆内外实时在线的服务模式及"一站式"跨库检索的服务方式，为读者随时随地提供资源服务。

3.有效利用新媒体平台，主动推送即时讯息资源

以网站、微信、微博等新媒体平台，即时推送活动信息、阅读指导、美文欣赏等大量讯息资源，受到了市民的广泛关注。"江阴市图书馆"微信公众号目前拥有固定粉丝 5 万多人，2017 年共推送微信 1200 余条，最大"单条"阅读量超10000 次。

（三）全力打造阅读品牌，丰富和创新活动形式

1.坚持品牌传承

20 世纪 90 年代中期，江阴秉承"富口袋"更要"富脑袋"的理念，在全国率先启动"一二三"家庭读书工程，即全市 70% 以上家庭拥有 1 个书柜、订阅 2 份以上报刊和 300 册以上健康有益的藏书。从 2000 年起，又将"一二三"家庭读书工程，提升为"办好一个读书节"，创建"学习型社区""学习型单

位"示范点，评选"科技文化户""特色文化户"和"文化中心户"的社会读书活动。

图4-5　第二十一届"书香江阴"读书节开幕式

2. 坚持全民导向

以"全民"为目标和导向，开展针对各类人群的阅读推广活动。每年围绕阅读推广主题，深入开展"好生活、好读书"市民阅读促进活动、"幸福的种子"儿童阅读推广行动。阅读推广活动内容从图书推荐延伸到讲座、展览、读书会、经典诵读、阅读大赛、绘本故事会、亲子读演、读者沙龙、免费培训和节假日活动等多个领域，阅读推广范围也从图书馆主阵地延伸至全市的大街小巷，实现了全民阅读社会化目标。

3. 坚持品牌引领

结合年度阅读推广主题，以重大品牌活动引领城市阅读。"暨阳大讲坛"作为城市"文化名片"，年举办讲座40场次；"江图之窗"展览，年举办各类展览20余场次；"种子乐读"绘本故事周周有、"亲子共读"月月办。近几年，江阴市图书馆策划和举办有影响力的重大品牌活动，引领和带动整个城市的阅读氛围。"书香飘扬·全澄接力"阅读知识现场大赛，带动全市中、小学生的经典阅读；"悦

享绘本 筑梦童年"儿童绘本剧表演大赛，带动全市低幼儿童的绘本阅读；"春天与经典诗文的相遇"全民诗歌朗诵大赛，带动和营造了整个城市的群众性朗诵氛围。

图 4-6　春天与经典诗文的相遇——江阴市第六届全民诗歌朗诵大赛总决赛

4. 坚持活动常态

江阴市图书馆以"书香江阴"读书节为引领，充分发挥全民阅读示范基地的作用，广泛开展阅读推广活动，利用节假日，发挥自身资源优势，有针对性地在元旦、春节、"五一"劳动节、端午、寒暑假期、中秋及国庆期间，策划开展各种主题活动，做到全民阅读常态化。全民阅读活动已呈现常态化、规模化、多元化、品牌化的特点。"江图朗诵""亲子读演坊""种子乐读""读书沙龙"等 20 余个阅读品牌特色活动深受读者喜爱，年均开展阅读推广活动 300 余场次，参与读者 20 余万人。

（四）全速构建阅读服务网络，力求让阅读无处不在

1. 加强分馆建设，构建普遍均等的阅读网络

坚持政府主导、市镇共建，通过统一采购、统一分编、统一流转、共建共享的方式，完成全市所有乡镇（街道）分馆建设全覆盖。并通过开展图书馆管理员培训班、QQ 群实时在线服务、上门辅导等方式，努力提高从业人员的业务水平；通过送讲座、送展览、送阅读活动等方式，努力提升分馆服务能力。一张覆盖全

市的公共图书馆服务网络已经形成。

2.深入推进"三味书咖"城市阅读联盟建设，吸引社会力量参与全民阅读工作

2014年下半年以来，江阴市通过与咖啡馆、茶楼、银行、花店等不同服务业态合作，建成形式多样、遍布城乡，与总馆通借通还，集办证、图书借还、阅览、活动功能为一体的图书馆分馆，打造"三味书咖"城市阅读联盟。通过公共资源与商业服务相结合，开创了全国全民阅读领域PPP（Public-Private Partnership，政府与社会组织合作）模式先河，形成了全民阅读社会化发展"江阴模式"。这一创新举措使得《人民日报》《中国文化报》《新华日报》、凤凰网等主流媒体争相报道。

三、活动特点与亮点

（一）以"书香江阴"读书节为平台，形成全民阅读规模化

在每年4—6月读书节期间，围绕"爱读书·爱生活·爱江阴"主题，江阴市图书馆策划开展了一系列丰富多彩的全民读书活动。如举办读书节大型开幕式，"暨阳大讲坛"名家系列讲座，策划开展全民诗歌朗诵大赛、阅读知识现场知识大赛及儿童绘本剧大赛等重大品牌读书竞赛，举办大型书市并邀请本地作家签名赠书等。通过在微信、微博上开展线上阅读互动活动，广泛吸引读者参与，营造全市浓厚的全民阅读氛围。

（二）首创"三味书咖"城市阅读联盟，探索全民阅读社会化

江阴市图书馆在国内创新开展"三味书咖"城市阅读联盟建设，以"图书馆+"的创新模式，通过公共资源与商业服务相结合，开创了全国全民阅读领域PPP模式先河，形成了全民阅读社会化发展的"江阴模式"。目前，已建成包括"丰硕茶楼""假如我有一个花店""漫步咖啡"等在内的9家阅读联盟。此举真正做到了"把图书馆开到读者家门口""让书走近人"。进一步拓展了服务网络，把公共文化资源和服务空间延伸至城市的每个角落，缩小了服务半径，有效地解决了服务群众"最后一公里"的难题，让全民阅读无处不在。

四、示范效果

作为全民阅读示范基地，江阴市图书馆在其本区域内起到了很好的示范和导向作用。一是以"总分馆"制为依托，将品牌活动"暨阳大讲坛""江图之窗"展览、"温暖绘本"之旅送至各镇街分馆、学校、社区、军营等场所。二是在图书馆阅读服务宣传周期间，江阴市图书馆将图书馆优质资源，以"菜单服务"模式打包送到分馆和学校，让广大市民进一步了解公共图书馆的服务内容，倡导市民多读书、读好书，受到了大家的热烈欢迎和一致好评。三是发挥"读读书"沙龙作用，指导和带动江阴各级机关、学校、民间团体和私人的读书会建立起来。四是首创"三味书咖"城市阅读联盟在全国推广，2016 年 5 月，文化部公共文化司领导及国家公共文化服务体系建设专家委员会专家来澄实地考察和专题论证，并给予了高度评价；2017 年 1 月 19 日，《人民日报》又在中宣部重点稿件《文化改革提升群众获得感》中以 300 多字的篇幅介绍了"三味书咖"阅读联盟的经验和意义。目前，此模式已在全国广泛推广。

第三节　晋江市图书馆

一、图书馆简介

晋江市图书馆成立于 1953 年，中心馆建筑面积 1.8 万余平方米，地上四层，地下一层；2013 年 10 月 31 日，由原"陈延奎图书楼"改造成的晋江少年儿童图书馆正式对外开放。少儿馆建筑面积 0.4 万平方米，共四层，以国家一级少年儿童图书馆标准建设，服务对象为 0~16 岁的少年儿童，为福建省唯一一家超前体验式少儿图书馆。

晋江市图书馆加快全民阅读服务工作，一方面积极推进公共文化服务平台建设。目前，晋江市图书馆已建成中心图书馆 1 座，少儿馆 1 座，24 小时城市书房 1 家，24 小时街区自助图书馆 35 座，分馆 16 家，图书流通点 15 个；馆藏纸质文献 111 万余册，电子图书 51 余万册，数字资源超过 30TB，为阅读推广工作提供了强有力的文献资源保障。另一方面，通过举办各类文化活动以满足不同阶层与文化背景人群的文化需求。自办的知名活动品牌——"晋江市悦读节"，包括"少年儿童一生阅读计划""我们的节日""大型展览""名家讲座""英语角"等阅读推广活动，举办培训、学术交流、读书沙龙等读书交流活动，积极探索服务新模式，通过政府主导建设、公共文化服务联盟、阅读活动资源整合等方式，推进全民阅读推广工作便捷、均衡、长效地发展。

图 4-7　晋江市图书馆外景

晋江市图书馆连续八届获得"福建省级文明单位"称号，连续两年被中国图书馆学会授予"全民阅读先进单位"称号，2015 年被授予"全民阅读示范基地""福建省文明行业竞赛活动示范点""福建省社会科学普及先进单位"等荣誉称号。2017 年通过"全民阅读示范基地"复核，同年入选全国"四个 100"志愿服务候选先进集体，2018 年荣获"第七届全国服务农民、服务基层文化建设先进集体"称号。

二、开展的全民阅读主要工作

晋江市图书馆始终以服务读者为宗旨，努力寻找创新思路，一方面通过保障全民阅读基础建设的延伸，另一方面通过阅读活动的引导，实现社会民众广泛参与阅读，确保市民平等享受文化权益。

（一）开展总分馆体系建设 搭建全民阅读干道

自 2014 年起，晋江市图书馆提出，以晋江市图书馆为中心，以全市已有、在建和拟建的图书馆分馆、流通点、24 小时城市街区自助图书馆为网点，辐射 1 千米半径内的镇（街道）、（村）社区、学校和企事业单位等服务区域，建立一个覆盖全城的图书馆服务体系和全民阅读网络的"一公里半径"城市图书馆群建设项目。截至 2017 年 12 月，建成 16 家分馆，同时在建设分馆的基础上，陆续建成并投入使用 35 座 24 小时街区自助图书馆、1 家 24 小时城市书房以及 15 个图书流通点，合计 67 个公共文化服务网点，覆盖晋江市 19 个镇（街道）、经济开发区，为市民阅读提供了更大的便利。其中，2017 年分馆（除少儿分馆）与流通点共办证 3648 张，借还图书 206103 册（借书 122088 册，还书 84015 册）。24 小时街区自助图书馆与城市书房共办证 3281 张，借还 466373 册（借书 237232 册，还书 229141 册），平均每日借还 1278 册。借用微观经济学的概念、原理和方法，并参考深圳市图书馆的经济效益分析统计，共为市民节约成本约 4270176 元（计算方法为借书量 ×18）。

图 4-8　晋江市 24 小时城市书房

（二）开展"晋江市悦读节"活动，引领全民阅读潮流

图 4-9　第二届晋江市少儿名著新编短剧比赛暨 2017 少年儿童 "一生阅读计划" 擂台总决赛团体二等奖剧目——《包公审驴（新编）》

从 2011 年起，晋江市图书馆积极开展"晋江市悦读节"活动。7 年来，"晋江市悦读节"年均开展上百场内容丰富、形式多样的阅读活动。其中，2017 年的"晋江市第七届悦读节"活动围绕"爱阅读·爱晋江"主题，主要开展了"晋江市第七届悦读节"开幕式暨 2017 年"世界读书日"阅读推广活动、少年作家培训班、SM 儿童读书日、名医名师讲堂、"语乐圈"公益语言培训班、第三届"人文之旅·非遗之光"少儿夏令营活动等，全年共开展活动达 438 余场，参与人数合计 23.2 万人次，吸引中国图书馆学会、《泉州晚报》《晋江经济报》等报道 53 次。

三、活动特点与亮点

（一）全市各服务网点实现"通借通还"

为了提高图书馆馆藏文献利用率，保障民众的基本文化权益，自 2014 年 10 月 20 起推行"通借通还"惠民服务措施，打破空间限制，实现全市中心馆、少儿分馆、35 台 24 小时自助图书馆以及校园分馆等文献资源的通借通还，同时整合原借阅证类型，提高读者借阅权限，并改进图书滞纳金收取方案，每册图书滞

纳金不超过 3 元。此项便民服务的推出很快就受到广大市民的欢迎，同时随着近几年来 24 小时街区图书馆的增设以及总分馆的建设，实现了全市 19 个镇（街道）、五里工业经济开发区的全覆盖，市民不仅能够在家门口借阅到自己想看的图书，还能就近归还图书，为市民阅读提供了更大的便利，广泛提高了读者的阅读热情。2017 年实现通借通还物流配送 156959 册。

自 2015 年 3 月起，晋江市图书馆开通预借图书服务，至 2017 年，共实现了市图书馆、少儿分馆、街区图书馆和青阳街道分馆四馆的预借服务。预借成功的图书不仅可在覆盖晋江市 19 个镇 / 街道、经济开发区的 24 小时街区自助图书馆进行取阅，还可在晋江市图书馆、少儿分馆以及青阳街道分馆领取，为读者提供了便捷的送书上门服务，受到广大读者的欢迎。截至目前，已为 1700 多位读者提供近 4000 册图书的预借服务。

（二）阅读推广活动推陈出新

2017 年，晋江市图书馆延伸公益语言培训班范围，举办了 1 期闽南语培训班、1 期手语培训班、1 期日语培训班、2 期古琴公益培训班，大大丰富了市民的文化生活，满足了读者的文化需求。为提升读者深度阅读英语原版书籍的能力和对外英语口语交流的能力，2017 年，晋江市图书馆在"英语角"已经举办 100 多期、参与读者英语水平有所提高的基础上，又开设了英语原版精读俱乐部活动，活动邀请资深外教于 4—7 月每半个月开展一次，围绕英文原版书籍《鲁滨逊漂流记》的章节进行深度阅读与交流。2017 年，邀请到国台办"海峡两岸出版交流中心"共同开展"2017 闽台地区优秀传统文化交流"暨第三届"人文之旅·非遗之光"少儿夏令营活动，活动于海峡论坛期间举办，通过两地特色文献互赠、台湾传统喜灯制作，南音、高甲戏、掌中木偶表演，走读金门等交流环节，推动晋江、金门两地的文化交流，推进海峡两岸文化遗产的交流与传播。

四、示范效果

（一）力推政府主导作用

晋江市图书馆开展总分馆体系建设及"晋江市悦读节"活动，形成了以政府为主导、社会多方积极组织开展、全民共同参与的良好局面。其中，"晋江市第七届悦读节"首次由晋江市委、晋江市人民政府主办，市委宣传部、市委文明办、市文体新局承办，市教育局、团市委、市妇联、文联、残联、广电局、晋江经济报社、新华书店、文化馆协办，市图书馆执行。"晋江市第七届悦读节"开幕式于"4·23世界读书日"开展，晋江市委宣传部部长、市委常委林惠玲以及"晋江市第七届悦读节"主承协办方领导出席了此次仪式。当天还举办了晋江朗读者活动、"读吧！晋江"百个阅读跑团活动、"奔跑吧，世中运！奔跑吧，4·23！"青少年阅读接力赛。

（二）汇集社会力量加盟参与

"晋江市第七届悦读节"形成以图书馆及少儿图书馆为主要活动阵地，向企业、机关单位、学校、图书馆分馆等地延伸。如每个月举办的"阅读分享·书香融汇"少儿聊书汇和在空间书屋分馆举办的"听说——真人图书馆"；在"书香进校园·悦读共成长"校园阅读推广中，"爱在阅读中"第七届亲子阅读节在星星幼儿园举办，罗山中学第二届悦读节集中在罗山中学开展。"读吧！晋江"百个阅读跑团活动举办地为肯德基、奕秋棋院、万达影城、交通局、永和中学等100个场地。

第四节　苏州市吴江区图书馆

一、图书馆简介

苏州市吴江区图书馆自2012年被评选为"全民阅读示范基地"以来，深入贯彻落实党的各项精神以及上级各项工作任务，充分发挥图书馆在推进社会主义文化强国建设、全面提高公民道德素质和丰富人民精神文化生活等方面的作用。每年深入开展"全民阅读"工作，并不断推陈出新，通过资源下移、服务下沉、活动下延，丰富基层公共文化服务供给内容，提高了基层公共文化服务水平，促进了公共文化服务"最后一公里"的均衡发展，为吴江区提升文化软实力打下了坚实的基础。

图 4-10　苏州市吴江区图书馆外景

　　馆藏文献信息资源数量持续增长：总藏量由 2012 年的 143.8 万册增长至 2017 年的 230.5 万册，增长了 60%；累计办证由 2012 年的 7.8 万张，增长至 2017 年的 16.5 万张，增长了 111%；外借图书由 2012 年的 101 万册，增长至 2017 年的 122.8 万册，增长了 21%；举办活动从 2012 年的 127 场，增长至 2017 年的近 300 场，增长了 136%。

二、开展的全民阅读主要工作

　　吴江区图书馆着眼于"普惠均等、文化公平"的大局，以服务建设为着力点，打造文化服务品牌，分龄分众，着力提供接地气、有人气的优秀文化产品和服务，让文化惠民更亲民。将优秀服务品牌注册为国家商标，以点带面，全方位提升总分馆服务效能。

　　作为吴江区图书馆首批服务品牌的"垂虹讲坛"，十年来，每月开展现场讲座、视频讲座，年均保持在 40~50 场。包括北京大学教授王余光，百家讲坛嘉宾王立群、阎崇年，上海世博会国内参展顾问黄耀诚，亚洲首位世界记忆总冠军王峰等国内知名人士前来做讲座，屡屡出现爆满的景象。"垂虹讲坛"跟随总分馆制推进的脚步，逐渐跳出了吴江区图书馆有限的服务场地，延伸服务触角，将健康讲座送进社区，司法讲座进企业、进学校，把社科普及到农村的每一个角落，送到群众的家门口。在全区范围掀起"讲座热"，并成功入选吴江区 2017 年社区教育品牌项目。吴江区图书馆开辟视障阅览室，并成立了盲人读者俱乐部，启动"阳光阅读"品牌项目，以吴江区图书馆视障阅览室为主要活动阵地，每月 15 日定期举办活动，至今已经走过十个年头，共计开展活动 80 多期，吸引了越来越多的盲人读者把俱乐部作为他们学习沟通、开拓视野的精神文化家园。"阳光阅读"作为吴江的一项特色文化品牌不仅在盲人群体中收获口碑，也得到了社会的广泛赞誉，受到包括中央电视台新闻联播节目在内的媒体的关注与报道。2014 年，吴江区图书馆获评"江苏省十佳全民阅读推广社团"。2017 年，"阳光阅读"品牌活动入选第二届苏州市群众文化公共文化服务项目"繁星奖"，被中国图书馆学会评为"阅读推广优秀项目"。连续多年开展"常青 e 族"互联网阅读培训，通过"一对一"的方式进行手把手的辅导，让老年读者也能享受数字阅读的乐趣。自 2014 年起，实施文化部科技创新项目"阅读齐步走"——未成年人阅读服务城乡一体化工程。以未成年人阅读活动的常态化、品牌化、体系化建设为中心，以未成年人阅读服务标准化建设为抓手，深入推进吴江城乡一体化全民阅读活动的蓬勃开展，为城乡未成年人提供均等优质的文化产品，通过"彩虹使者"每月配送到全区各图书馆服务点。每年结合"4·23 世界读书日""我们的节日"等主题系列活动，在全区范围内举行大型未成年人阅读推广活动，打造活动品牌，带动全民阅读活动深入普及。创立妈妈读者俱乐部、吴图妈妈课堂，开展"少儿易书会""行走的绘本馆""约绘到家""金婴阅读"计划等，"悦读彩虹堂"成功注册国家商标。举办各类读者活动年均 200 场以上，每年为城乡百姓奉上丰富的文化盛宴，受到太湖文化节、苏州阅读节、吴江阅读节组委会的高度肯定。

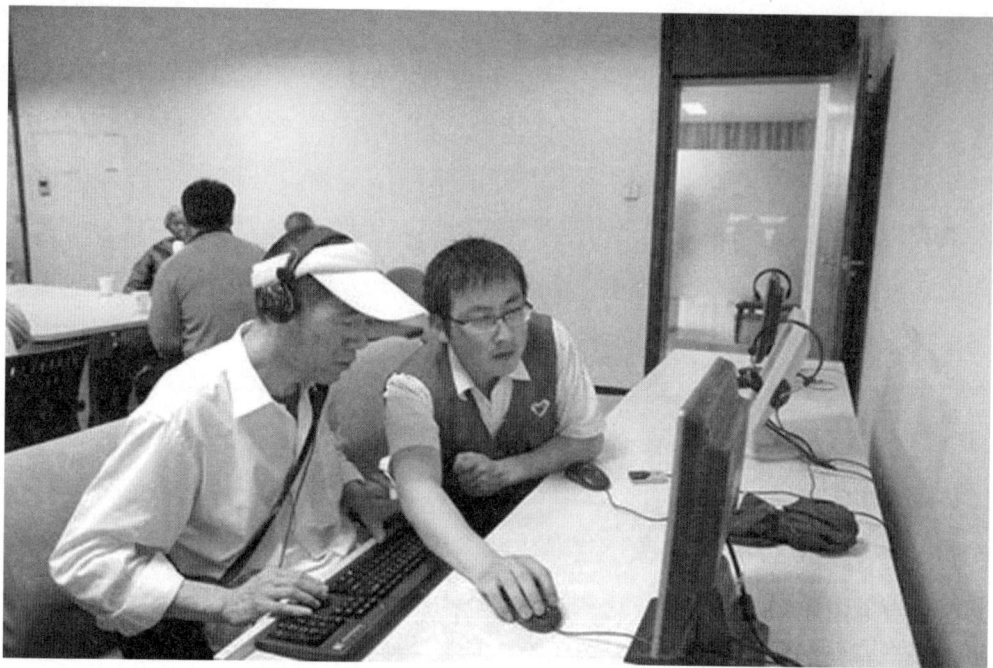

图 4-11　志愿者为视障读者解说计算机使用方法

三、活动特点与亮点

（一）"区镇村"三级总分馆网络支撑体系

自 2011 年起，吴江区以苏州创建国家公共文化服务体系示范区为重要契机，以政府文件形式发布《吴江市加强公共文化服务体系建设的实施意见》《关于进一步完善图书馆总分馆体系的实施细则》，推动总分馆向村一级延伸，对乡村中农家书屋、党员现代远程教育中心、文化共享工程基层服务点、乡村图书室等四种原本分散的公共文化服务资源进行整合，实施设施网络一体布局、人员队伍一体构建、技术平台一体运行、资源活动一体提供的"四位一体"运行机制，并写入政府对乡镇考核的年度目标责任书中。在公共文化服务的末端，实现统一的管理体制、统一的建设要求、统一的服务规范、统一的业务系统。2013 年，纵到底、横到边、全覆盖的区镇村三级总分馆网络在吴江成功构建。

吴江区图书馆从顶层设计上提前谋划，坚持标准制定与实践探索同步推进，积极探索建立运行有效的标准化工作体制机制，注重条款的细化、指标的分解或拓展，促进全区公共文化服务在新起点上实现更高水平发展。2017 年 11 月，由吴江区图书馆起草、吴江区文化广电新闻出版局及吴江区市场监督管理局联合发布的《苏州市吴江区图书馆总分馆建设管理标准》应时而生。一条条"硬杠杠"为市民享受有质量的公共阅读服务"保驾护航"，同时也为社会力量参与共建公共文化事业指明方向。突出了因地制宜的思路，又紧紧依附于国家的政策内涵，深深地扎根于现实土壤，是对吴江十几年来不倦探索的回顾与提升。吴江率先在全国区县级图书馆总分馆科学化、标准化、规范化管理的道路上迈出坚定步伐，吴江区图书馆被江苏省文化厅授予"2017 年度县级图书馆总分馆制先行建设单位"称号。

（二）资源供给丰富，推动公共文化零距离

高新信息技术应用成为推动公共文化服务体系建设发展的重要引擎。为了将国家鼓励公共数字平台建设的方针落地，利用数字技术助推文化普遍均等，文化成果普惠共享，吴江区图书馆进行了一系列有益的探索，如为镇、村配发多功能阅读机、启用 RFID 图书智能借还系统；推出 kindle 外借服务、码上共读等在线阅读方式；共建共享了 30 多个电子数据库，相继打造了吴江数字图书馆、苏州首家电视图书馆、开发手机图书馆。针对传统数字文化产品单一、渠道狭窄、资源分散、效能不高等问题，吴江区图书馆以集成数字文化服务为切入点，依托"十二五"期间国家三大文化信息工程，以吴江区图书馆数字服务虚拟网和专线为基础，支持全区各类文化资源与服务的全面共享，打造以"数字流动、多元参与、互联互通、共建共享"为显著特征、有效覆盖区镇村的"吴江文化云"公共文化基层服务平台，同时打通了总分馆体系全媒体服务通道，全力构建线上与线下"一站式"供给服务。用便捷、新颖、有趣的公共文化数字化服务引领公众参与文化活动，交流文化成果，实现文化权利，为现代公共文化服务数字化建设作出了有益尝试，被江苏省文化厅列入"2017 江苏省公共文化服务体系创新示范项目"。一个具有网络化、智能化、服务化、协同化特征的"图书馆 +"服务业态在吴江区图书馆基本形成，基层公共数字文化服务能力明显增强，同时，也不断增强了总分馆的"供血"功能。

为了打造更多的城市阅读空间，推动"15分钟阅读圈"，将形式多样的公共文化服务渠道嵌入老百姓日常生活，吴江区图书馆分别和湖滨华城社区、联杨缤纷荟联合打造24小时市民书房，采用全天候全自助服务，推动了文化生活与高新技术融合，具有24小时"不打烊"、"一站式"阅读体验、无人值守全自助、数字化与智能化、绿色环保节能、人性化服务等六大特点，成为政府引导、社会参与、复合管理的公共文化发展典型样本。自开放以来，多次举办儿童故事会、吴江朗诵团活动，成为吴江市民点赞的读书好去处。自2016年起，吴江区图书馆在全国率先实现线上选（买）书、线下配送的"读佳·悦借"图书馆服务创新模式。读者足不出户就可以享受吴江总分馆、在线书城、实体书店在内的海量阅读资源，实现借阅率100%，真正把图书馆办到了读者家中。2017年10月，首批信用智能借阅柜落地吴江区图书馆，与支付宝芝麻信用合作，推出"免押金、线上借、送上门"的信用借阅模式，让信用红利带动图书馆阅读推广服务，进一步提升城市阅读环境。

四、示范效果

中国图书馆年会于2013年11月7—9日在上海浦东新区召开。吴江区图书馆作为"乡村图书馆服务体系建设"分会场的承办单位之一，围绕"'四位一体'实现公共文化服务的城乡一体化"这一主题，向80余名与会人员详细介绍了吴江区图书馆"四位一体"农村综合信息服务体系建设的项目背景、探索实践、长效运行机制和取得的成效。2017年11月1—3日，受中国图书馆学会委托，吴江区图书馆承办了2017年全国县级图书馆总分馆制建设交流研讨会，邀请业内百位领导专家、同仁共聚吴江，探讨总分馆制建设经验和未来发展方向。会议的召开得到了业内专家、领导的肯定和一致好评。会议对全民推进县级总分馆量化管理和标准化运作，成为全国可复制、可推广的成熟标准模式具有重要意义，也为县级图书馆总分馆制建设提供了新经验、新做法，为推进县级图书馆总分馆制建设作出了积极贡献。

图 4-12　2017 年 11 月 2 日，百位图书馆界代表共聚吴江图书馆，召开全国县级图书馆总分馆制建设研讨会

第五节　太仓市图书馆

一、图书馆简介

太仓市图书馆自 2010 年 12 月新馆落成开放以来，始终秉承"读者为本"的服务理念，面向社会、面向群众免费开放。馆舍建筑面积达 19965 平方米，阅览席位约 600 个。现有馆藏文献 122 万余册，视听文献 3.1 万件，年征订报纸、期刊 1000 多种。2016 年起实行 RFID 自助借还系统，实现全面自助借还。一直以来，太仓市图书馆以丰富的阅读资源，良好的阅读氛围，开展全民阅读推广工作，为城市和广大市民提供了有保障的公共文化服务。

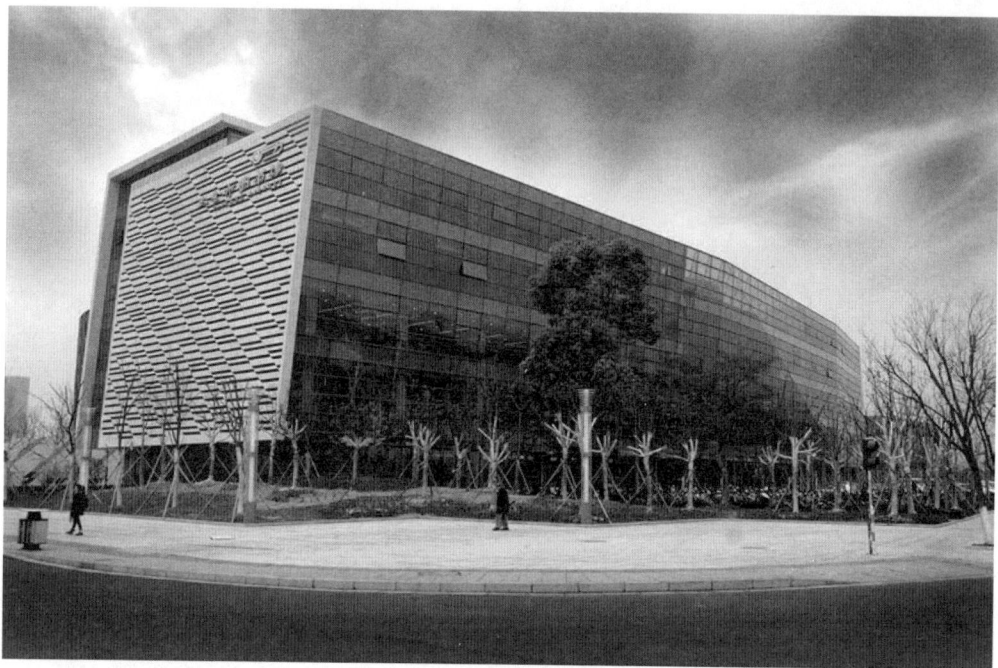

图 4-13　太仓市图书馆外景

太仓市图书馆 2014 年获评"全民阅读示范基地"。近年来，太仓市图书馆充分发挥阅读推广、社会教育等社会职能，通过开展讲座、展览、阅读推广等活动，向社会提供普遍、均等的公共文化服务，每年组织开展丰富多彩的公共文化服务，保持年均 300 余场阅读推广活动，年参与活动近 7 万人次，在服务公共文化的同时也传播了社会科学文化。

二、开展的全民阅读主要工作

（一）服务网络全辐射，阅读资源全民享

2009 年，太仓市图书馆实施总分馆建设，完成太仓市 6 个乡镇分馆的建设，实现图书统一流转、通借通还。截至 2017 年底，太仓市图书馆分馆增至 12 家，各企事业单位图书服务点达到 60 余家；2017 年图书馆流动车继续走进城乡，为城乡 14 个服务点提供阅读服务，成为太仓市亮丽的文化"风景线"。随着太仓市图书馆对全市百家"农家书屋"进行软硬件升级管理，乡村文化服务网络的建设得到进一步完善，同时推进了共享工程基层服务建设；2017 年，首家"娄东书

房"——天镜湖 24 小时自助图书馆建成开放。2017 年底，梅园与江苏省太高 24 小时自助图书馆相继建成开放。自此"娄东书房"作为城市阅读新空间，将阅读和文化普惠全民。

（二）全民阅读品书香，服务品牌齐推进

1. 以阅读节为主线，开展全民阅读活动

作为每年全市阅读节的重点项目之一，太仓市图书馆开展的"家在太仓，书香娄东"阅读节系列活动已成为太仓市的特色阅读品牌，活动以"家在太仓，书香娄东"和"快乐阅读，幸福童年"两大主题开展，活动形式多样，活动内容丰富，大大拓展了阅读系列活动的组织形式和参与面，在全市营造了文明、健康、和谐的读书氛围，充分发挥图书馆在公共文化服务中的重要作用。

图 4-14　2016 年太仓市阅读节开幕，太仓市图书馆在天镜湖广场上举办"换·享书世界"
　　　　——换书乐活动

2. 品牌活动先导，项目形式推进

太仓市图书馆阅读活动品牌化、项目化开展，形成具有"太图"特色的阅读推广活动。

（1）娄东大讲堂——品文化，惠民生。"娄东大讲堂"自 2005 年开展以来，已累计举办 350 余场，听众超过 10 万人次，主题涵盖"名人名家""文化艺术""生活健康"等，较好地满足了市民的精神文化需求，现已成为太仓市知名的公益性文化品牌，充分发挥了文化传播的功能。

（2）馆刊《尔雅》——传书香，扬文化。馆刊《尔雅》被中国图书馆学会阅读推广委员会指定为"书香园地"期刊之一，也是太仓市图书馆在业界的"文化名片"，广受读者的欢迎和喜爱。该刊荣获"2014 年中国图书馆阅读推广类内刊内报评选'十佳内刊内报'奖"；2014 年荣获"第六届江苏省公共图书馆优秀服务成果三等奖"。

（3）少儿阅读推广活动——辅教育，助成长。太仓市图书馆作为少年儿童的校外阅读基地，针对不同年龄层儿童的阅读需求，将重点活动项目化开展，一般活动常态化开展，其中科普课堂——创意空间站，让小朋友亲手实验，了解科学小百科；青芒少儿俱乐部，采取会员制，让小读者们享受专属会员的阅读体验；"七彩的夏日"少儿暑期阅读夏令营活动，丰富未成年人的暑假时光。"七彩的夏日"少儿暑期阅读夏令营活动已连续五年荣获太仓市"'七彩的夏日——未成年人暑期系列活动'十佳优秀活动项目"等。

（三）"互联网 +"助推广，媒介宣传显成效

"互联网 + 图书馆"时代的到来，为图书馆服务带来了翻天覆地的变化，太仓市图书馆在微平台建设上有不少探索与创新，已取得不少成效。图书馆微平台不仅具有基础的图书馆服务，而且更能充分发挥网络的优势，将互动、报名、宣传等多重功能运用于服务中。2011 年 7 月，太仓市图书馆开通官方微博，截至 2017 年底，累计发布微博约 7000 条，年平均发布量 1000 余条，拥有粉丝 12480 名。在权威媒体平台发布的"图书馆微博周影响力榜"上，太仓市图书馆官方微博每周都以县级市图书馆之姿保持前 50 的位置，超过多所知名公共图书馆与著名大学图书馆。2014 年太仓市图书馆开设的微信公众号凭借即时信息的发布与丰富的阅读推广活动在市民中的影响力不断上升，截至 2017 年底，已有用户 13161 名，年发布微信推送千余篇，是图书馆与市民沟通的主要渠道。它不仅拉近了读者与图书馆的距离，也让图书馆阅读推广工作更具主动性，更好地发挥了

阅读推广的作用。

三、活动特点与亮点

（一）创新服务举措，提升服务水平

1. 创新服务内容，突出"太图"亮点

在全民阅读工作的开展过程中，太仓市图书馆在深耕品牌服务的同时，不断探索与创新，打造"太图"特色阅读服务。2014 年的流动儿童阅读培养计划——"关爱童心　阅读成长"，2015 年重新整合资源开办的"太图公益培训"，2017 年的"读吧！太仓"城市阅读巡展等，都将阅读推广活动以普惠的方式服务市民，展现"太图"的阅读推广亮点。

图 4-15　2017 年太仓市图书馆举办的"读吧！太仓"城市阅读巡展——南洋广场站

2. 创新服务形式，呈现多元"太图"

近年来，太仓市图书馆将演、唱、讲、做等多元形式融入阅读推广活动，主要体现在未成年人阅读活动上，通过举办绘本剧大赛、新春音乐会等，让青少年在书本之外，享受阅读之乐；在"娄东大讲堂"市民讲座中，一改往日听讲式的

讲座模式，结合茶道表演、脱口秀等形式，启动市民所有感官，感受讲座与众不同的魅力。

3. 创新技术手段，倡导数字阅读

为加快电子阅读文献资源建设，2015年太仓市图书馆添置了电子报刊阅览器，以及触摸屏二维码电子书借阅系统，可供读者免费阅读70余万种正版电子图书，并通过手机下载阅读。2017年平均浏览3.5万余次，下载量达1.2万余次。

（二）整合社会资源，助推全民阅读

太仓市图书馆除充分发挥自身在阅读推广中的重要作用外，还主动对外联络，整合社会资源，形成城市阅读推广联盟。

2015年的"左手咖啡，右手书"阅读推广项目，将图书馆与咖啡馆相结合，向读者提供更普惠的公共服务。现共有12家咖啡馆加入，已举办了包括绘画培训、诗歌朗诵、读书沙龙等在内的阅读推广活动。该项目荣获2016年度苏州市优秀阅读创新项目、2016第十一届苏州阅读节优秀活动奖。

太仓市图书馆润泽志愿者团队秉承"团结友爱，互助进步"的志愿服务精神，积极融入图书馆的活动协助、图书管理、故事妈妈等工作岗位中，为读者提供阅读服务。

2016年，太仓市图书馆联合太仓市阅读相关的企业、民间非营利性组织、个人等，组建了太仓市阅读推广协会，由太仓市图书馆馆长担任第一届会长，协会自成立后充分发挥社会阅读资源的作用，相继联合开展了多项阅读推广活动，实现了资源互通，共同发力"书香城市"建设。

四、示范效果

太仓市图书馆始终致力于文化传播、阅读推广、社会教育等方面，不断探索创新，进而取得了自身发展新突破。太仓市图书馆在全民阅读推广中，逐渐形成了一个由图书馆主导，以分馆、社区、学校、企业、咖啡馆为基地、线上线下同步、各民间阅读组织与阅读人共同构成的城市阅读新联盟，为全市读者提供了一个活跃的交流平台，为开创阅读推广新模式提供了更多可能，进一步扩大了阅读

事业的群众参与度和社会影响力，真正对"书香太仓"起到重要作用。

第六节 扎鲁特旗图书馆

一、图书馆简介

扎鲁特旗图书馆自 1978 年 6 月成立至今，历经 40 年的实践、探索、发展和创新，由传统的阵地服务不断拓展延伸，有 6 个分馆实现了"一卡通"，8 个流动阅览室规范化管理，形成了稳固的服务网点；基本服务项目健全并全面提供免费服务，每周开馆 56 小时。图书馆年均接待读者 10 万人次，流通书刊资料 10 万册次，开展各类读者社会教育活动 30 项。扎鲁特旗图书馆曾三次荣获中国图书馆学会"全民阅读活动先进单位"称号，2013 年被命名为"全民阅读示范基地"。四年来，扎鲁特旗图书馆不忘初心、脚踏实地践行全民阅读推广工作。

扎鲁特旗图书馆馆舍面积 2680 平方米（7200 平方米新馆建设 2017 年已列项）；现有藏书 185000 册，建立了馆藏书目数据库，采用蒙科立图书管理软件，馆藏数据已完成 28785 条，实现了采编、流通、典藏自动化管理。

设有 12 个服务窗口：馆外流通部，外借部，综合、蒙文、少儿、科技、电子阅览室，过刊外借室，自学室，资料室，地方文献资料室，特藏室，几个阅览室一次性可提供 200 个阅览座椅。

扎鲁特旗图书馆拥有一个近 60 万元设备的机房，100 兆宽带互联网、36 台电脑的公共电子阅览室，同时，还承担着全国文化共享工程 15 个苏木乡镇基层服务站的技术培训指导工作。2011 年，扎鲁特旗图书馆被内蒙古自治区文化厅命名为"示范县级支中心"；2013 年被文化部共享工程命名为全国"公共电子阅览室示范点"；在全国旗县图书馆第六次评估中，扎鲁特旗图书馆保持了"二级图书馆"的荣誉。

图 4-16　扎鲁特旗图书馆全貌

二、开展的全民阅读主要工作

（一）阵地服务和馆外流通服务

（1）阵地：2017 年度阅览部、外借部 11 个服务窗口年接待读者 44096 人次；阵地借阅流通书刊 41200 册次。

（2）馆外：常年坚持为 6 个分馆、8 个流动阅览室轮换新书刊，2017 年度流通书刊 58830 册次，服务读者 55950 人次。

（3）2017 年度通过展示板展出"新书介绍""科普宣传栏""读者活动剪影栏"共 35 期；上报反映全民阅读推广活动的《图书馆工作动态》共计 32 期。

（二）开展阅读推广与社会教育活动

利用各个节假日、"读书日""宣传周""读书月"等开展阅读推广与社会教育活动，仅 2017 年就举办了 31 次活动。

（1）开展专题活动：2017 年举办以"全民读书月'深入学习宣传党的十九大精神'图书、图片、视频展映"为主题的活动 10 次，展出图片 534 幅，观看人数达到 1100 人次；播放各类讲座 12 部，参与收看读者达到 2880 人次；举办各类书展 7580 种 8503 册次。

（2）为特殊群体服务：坚持长期为残疾人、老年人、农民工、留守儿童送书刊、送影视上门服务。2017 年深入各个社区开展以"让我们一起读书吧"等为主题的读者活动 11 次，举办书展 4 次，共计展出各类书刊 1660 种册；播放视频 6 部，举办图片展 8 次，展出"党的十九大报告""家庭文化教育"等内容的图片 438 幅。为残疾人、老年人、农民工、留守儿童送书刊送影视上门，捐赠图书 341 种 495 册，参与人数达 1240 人次，最大限度地发挥了图书馆服务全民、共享阅读的作用。

（3）加强分馆建设：共建有 6 个分馆，逐步统一总馆与分馆之间信息管理平台，逐步实现本区域内采、编、送、还一体化服务；嘎亥图镇、巴雅尔图胡硕镇、香山农场一分场三个分馆，2017 年度接待读者 3600 人次，流通图书资料 4300 册次。

三、活动特点与亮点

（一）创新服务是图书馆发展的灵魂

扎鲁特旗图书馆领导统筹服务资源，开拓创新服务模式，在馆外设立了 14 个流动阅览室，它们常年活跃在老少偏远农牧区，践行服务承诺。阅读推广与社会教育活动成绩显著，这一特色服务在整个通辽地区公共图书馆界成为一大亮点。

1. 拓展服务领域，让藏书活起来

在农村、牧区、部队、学校、社区、省道收费所设立了 14 个流动阅览室，并选其中 6 个点建立分馆，实现"一卡通"；80% 的基层服务点开通了互联网 Wifi，为农牧民提供更加快捷、方便的服务。仅 2017 年馆外 14 个流动阅览室共接待读者 55950 人次，流通图书资料 58830 册次。

2. 数字文化走进蒙古包，为农牧民打开新世界

加强"文化共享工程"数字文化走进蒙古包工程的落实，在农村牧区建立了 3 个站点，目前这 3 个嘎查（村）接收塔的塔基已建完。扎鲁特旗图书馆将通过无线电 Wifi 设备和移动数字加油站设备，利用文化共享工程丰富的数字文化资源，让农牧民群众只要手中拥有一部智能手机，就可以 24 小时在线阅读、在线观看和离线下载学习或观看。

3. 发挥意识形态领域主阵地作用

扎鲁特旗图书馆在三楼陈列了以"国史、国情""党史、党的基本理论""区史、区情"等政策书籍 200 多种；在二楼开设了"普法学习园地""政府公开信息服务""扎鲁特信息"等陈列国家、自治区、地方各种政策信息资料 30 多种，为读者了解最新政策提供方便快捷的查阅服务。

（二）丰富读者社会活动的内容形式

结合"节假日""春耕备耕""4·23 世界读书日""宣传周""读书月"开展社会教育，2017 年开展各种活动 31 项，参与人数达 12430 人次。案例如下。

（1）2017 年 2 月 11 日上午 9 时整，在扎鲁特旗宣传文化中心楼前举行了"2017年全旗'弘扬价值观 唱响大舞台'元宵节有奖猜谜活动"。组委会准备了涉及天文、地理、历史、廉政、文化等内容的灯谜、字谜 1600 条，猜谜的群众多达 8200 人次。

（2）2017 年 3 月 3 日，在香山农场学校开展了"读雷锋日记、讲雷锋故事、争做雷锋式好学生"的阅读推广活动。首先，以少先队队会的形式，组织了 6 名学生讲雷锋故事，通过听雷锋故事让学生们认真学习雷锋大公无私和勤俭节约的好品德；其次，组织学生们观看了专题片《向雷锋同志学习》；最后，展出了《雷锋日记》《雷锋故事》等各类红色经典读物 120 种 210 册。有 70 多名学生参加了活动。

（3）2017 年 3 月 28 日，在香山农场三分场举行了 2017 春耕时节"绿色有机无公害"农产品种植阅读推广活动。活动现场播放了《测土配方施肥技术》《纯绿色种植杂粮技术》科技视频讲座，展出 100 种 230 册科技期刊，农场 50 多名职工参加了此次活动。

四、示范效果

（一）在通辽地区旗县图书馆中，延伸服务是扎旗馆的品牌服务

扎鲁特旗图书馆以借阅环境好、服务水平高、便捷温馨的服务，取得了丰厚的社会效益，荣获内蒙古自治区新闻出版广电局"2016 年草原阅读季——阅读先进集体"表彰。案例如下。

（1）2017 年 6 月 29 日，馆党支部组织党员到沁园社区，开展庆祝建党 96周年暨"党的光辉"图片展活动，展出党的十八大以来我国各条战线取得的举世

瞩目成就图片 54 幅，有 120 多位居民前往观展。

图 4-17 为驻军部队送去新年祝福

（2）2017 年 11 月 16 日，图书馆深入旗武警森警大队，开展了主题为"走进新时代文化拥军暨宣传党的十九大文献展览"活动，具体有"不忘初心 继续前进——认真学习贯彻党的十九大精神"图片展览；"学习进行时"党的十九大专题图书展；播放党课讲座《习近平新时代中国特色社会主义思想和基本方略》，多名官兵参加了活动。

（二）发挥图书馆社会教育引领示范作用

扎鲁特旗图书馆延伸服务在通辽地区旗县图书馆中成为一大亮点，案例如下。

（1）2017 年 6 月 30 日，与旗关工委在鲁北第二小学开展了：庆祝建党 96 周年"热爱党，热爱祖国"红色记忆视频播放活动。为师生们播放了大型党史纪录片《红色记忆——没有共产党就没有新中国》《红色记忆——下定决心，不怕牺牲，排除万难去争取胜利！》，有 1500 多名师生一同重温了我们党的发展历程。

（2）2017 年 4 月 20 日，扎鲁特旗图书馆工作人员深入牧场学校开展了 2017

年"4·23 世界读书日""书香扎鲁特校园红色经典"阅读推广活动。内容包括：
① 30 种红色经典图书阅读推介；② 播放少儿演讲视频：世界读书日《让我们一
起来读书吧！》；③《书香中国》《知识就是力量》图片展。六个班级的 300 多名
学生参加了活动。

　　"叶茂于根，水深于源"，执著的扎鲁特旗图书馆人承载着不变的情怀，为使
科尔沁山地草原扎鲁特遍地书香洋溢，扎图人前行的脚步将更加坚定而清晰。

图 4-18　广大群众积极参与猜谜活动

第七节　张家港市图书馆

一、图书馆简介

　　张家港市图书馆成立于 1976 年 2 月，新馆舍位于张家港市城东新区市文化
中心内，2009 年 9 月对外开放，新馆面积 1.5 万平方米，藏书 226 万册（含分馆）。

　　作为全民阅读活动的主阵地，张家港市图书馆多年来认真贯彻落实中央、省、

苏州市及张家港市关于全民阅读的部署要求，广泛深入开展全民阅读活动。张家港市图书馆于2014年先后荣获"全民阅读示范基地"、文化部"2014最美基层图书馆"（全国10家）和2014中国书业年度图书馆（江苏省首家获得）等荣誉称号。此外，张家港市图书馆还荣获全国服务农民服务基层文化建设先进集体、全国一级馆五连冠等荣誉。文化和旅游部部长雒树刚视察后盛赞："一个县级图书馆搞得这样丰富，把工作做到了极致。"

图4-19 张家港市图书馆外景

二、开展的全民阅读主要工作

（一）精确定位，全民阅读载体持续创新

在全国县域率先探索总分馆制，在此基础上对村（社区）图书室进行提档升级，在全国首创24小时图书馆驿站；积极推进"最美悦读空间"建设，"森林书屋"等被央视新闻联播报道；近百个图书漂流亭、漂流屋遍布全市城乡；"遇见书屋"被国家公共文化服务体系建设专家委员会主任李国新教授评价为全球首创；建成包括读者身份统一认证、数字资源加工发布、远程参考咨询等十大系统的"数字图书馆"，在全市形成了覆盖城乡、布局合理、资源共享、便捷高效、实体虚拟相互交融的公共图书馆服务体系。

（二）精细服务，全民阅读活动蓬勃开展

首创分众化阅读引导机制，针对不同读者群体开展分众化阅读活动；围绕"我们的节日""世界读书日"、科普宣传周、图书馆宣传周等开展各类主题活动；提供活动平台，大力培育今虞诗社、益启读书会等民间阅读组织；充分发挥图书流动车"百姓身边流动图书馆"功能，积极开展"五进"系列活动；以"悦读先锋"文化志愿服务品牌活动为抓手，积极开展各类志愿服务；2017年，张家港市公共图书馆总分馆举办各类读书活动3136场次。

图4-20　张家港市图书馆"妈妈故事会"开展家长和孩子共读《弟子规》等主题阅读活动

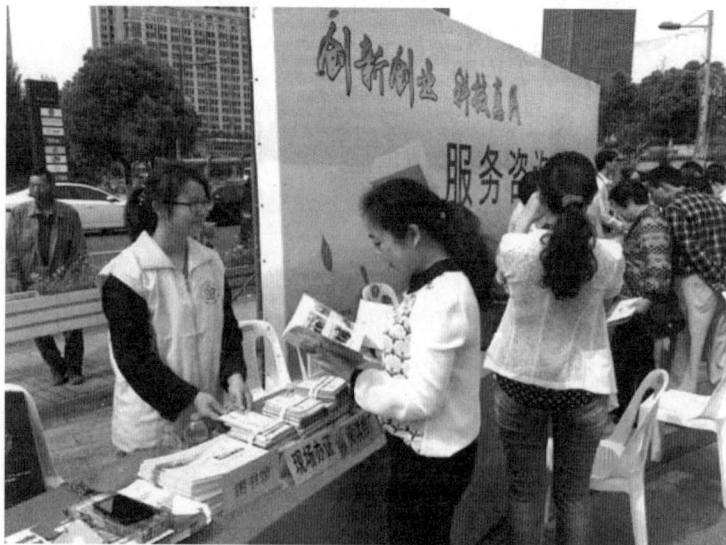

图4-21　张家港市图书馆"悦读先锋"文化志愿者参加科普周开幕式广场志愿活动

（三）精准对接，文献信息服务不断提升

张家港市图书馆开设产业专题文献阅览室，与市科协合作建办"科技工作者之家"；与苏州大学科技查新站、江苏省科技情报研究所合作开展科技查新工作；丰富完善数据库，为科研人员提供专利、标准等文献信息下载、原文传递等科技文献信息服务；邀请专家学者，组织量体裁衣式专题讲座培训；建立"科技工作者之家"网上信息服务平台，根据企业行业主题每日推送订制行业信息，服务企业遍及全市城乡，达250多家。

三、活动特点与亮点

（一）在全国首创覆盖城乡的"书香城市"建设指标体系

根据全民阅读基线调查结果，在总结国内外全民阅读先进经验的基础上，以发达国家公共文化发展的相关指标为参照，与创建公共文化服务体系示范区的"东部标准"《全国文明城市测评指标》等有机衔接，按照全民阅读发展的内在规律，遵循循序渐进的原则，以重在建设、促进发展为导向，张家港市制定了"三年行动计划"，分阶段设定了各项指标的实现目标，并邀请北京大学李国新教授等10多位国内权威专家学者进行论证，反复修改完善。2012年11月，全国第一个以全民阅读为抓手、覆盖城乡的《张家港市"书香城市"建设指标体系（试行）》正式对外发布。该指标体系包括阅读设施、阅读资源、阅读组织等7个一级指标，44个二级指标和87个三级指标。出版了全国首部"书香城市"建设指导用书《张家港市"书香城市"建设指标体系（试行）解析》，创新了"书香城市"建设的理念、思路、方法和实现路径，带动了与"书香城市"相关的设施、服务、资源等多方面的建设，填补了"书香城市"建设难以系统评价的空白。

（二）在全国首创并实现24小时图书馆驿站、镇办事处全覆盖

自2013年起，张家港市图书馆开始进行全国首创24小时图书馆驿站建设，2014年纳入市政府实事工程，运用科技手段，采用开放阅读的方式，实行零门槛进入，24小时自助服务。运行机制采用属地主责、远程监控、志愿服务等多方结合，实现管理无死角。截至目前，已建成34家24小时图书馆驿站，在全国

率先全面实现一卡通用、通借、通还，建成阅读资源全市共享、阅读服务城乡一体的公共阅读服务体系。

（三）在全国首创"科技工作者之家"

张家港市"科技工作者之家"是张家港市科协依托张家港市图书馆，通过对图书馆原有资源进行整合、延伸，为全市科技工作者搭建的方便、快捷、优质的科技信息服务平台。2010年5月13日，"科技工作者之家"在张家港市图书馆挂牌成立，标志着全市10万多科技工作者拥有了"有形之家"，这也是全国首家县级市"科技工作者之家"。"科技工作者之家"以"建科技交流平台 筑温馨联谊之家"为服务宗旨，重点围绕科技工作者学习交流等需求提供有针对性的科技服务，以建"家"的方式为企业提供信息服务，促进全市企业转型升级、创新发展。

四、示范效果

（一）"书香城市"建设指标体系

张家港市的"书香城市"建设进入了一个崭新的发展阶段，实现了"四个转变"：全民阅读模式由"行政主导"向"民间自发"转变，全民阅读活动由"浅层设置"向"科学规划"转变，全民阅读对象由"被动阅读"向"阅读自觉"转变，全民阅读评价由"模糊定性"向"科学考量"转变，得到各级领导和社会各界的广泛好评。"书香城市"建设指标体系荣获全省宣传思想文化工作创新奖，"'书香之县（市、区）'测评指标"入选国家新闻出版改革发展项目库2014年度入库项目。中共江苏省委宣传部、江苏省文明办、江苏省新闻出版局发文，要求全省各地各部门学习借鉴张家港市的"书香城市"建设指标体系，开展全民阅读，建设"书香江苏"。2013年3月13日至3月14日，《人民日报》、中央电视台等十多家中央、江苏省，及苏州市主流媒体，对张家港市"书香之县"建设典型经验进行了集中采访报道。时任国家新闻出版广电总局副局长邬书林作出重要批示，要求："总结张家港建设'书香城市'的经验，发挥引导作用，特别是基础设施建设和指标体系方面的做法。"

（二）24 小时图书馆驿站

张家港市图书馆积极探索创新公共阅读服务平台，开创性地建设 24 小时图书馆驿站，有效破解了社区图书室和农家书屋布点困难、效能不佳的难题，为打通公共图书馆服务体系"最后一公里"提供了可借鉴、可复制的样本。"24 小时图书馆驿站"作为全国唯一县市案例入选中宣部"十八大以来全国《宣传工作创新百例》"，其经验在全国地方县市宣传部长培训班上作案例授课。"图书馆驿站"获国家"十年"实用新型专利权。图书馆驿站还获得了"中国图书馆学会第五届百县馆长论坛案例征集活动一等奖""第六届江苏省公共图书馆优秀服务成果评选一等奖"等荣誉。图书馆驿站模式在全国图书馆界中得到推广应用，文化部网站、《人民日报》等主流媒体进行了专题报道。

（三）"科技工作者之家"

"科技工作者之家"工作重点是围绕科技工作者的需求提供有针对性的信息咨询服务，包括为企业提供各级成果鉴定、科研项目开题立项等查新工作和培训服务，得到了企业的一致好评。其中不少企业在专利申请、高新技术企业以及各类省市级奖项中取得了不俗的成绩，为张家港市的现代化建设提供了强有力的支持。"科技工作者之家"服务的企业从一开始的 11 家激增到 250 多家，8 年来共举办科技活动 100 多场，完成企业科技查新 3000 多例。仅 2017 年一年，"科技工作者之家"就协助完成科技查新报告 577 例，原文传递服务 840 例。同时，由"科技工作者之家"报送的科普阅读推广案例荣获"中国图书馆学会首届科普阅读推广优秀案例征集评选活动三等奖"，以及"第二届科普阅读推广优秀案例征集评选活动一等奖"。中国科协副主席冯长根对此给予高度评价："解决了困扰中国科协多年的建家工作，值得在全国推广。"

第五讲

少年儿童图书馆选编

第一节　合肥市少年儿童图书馆

一、图书馆简介

合肥市少年儿童图书馆建制于 1996 年，是合肥市唯一专门性的少年儿童图书馆，位于合肥市亳州路 1 号，馆舍面积 1224 平方米。通过热情周到的服务和丰富多彩的活动，以一个独立建制最小规模的市级图书馆达到了中等规模图书馆的接待能力。自 2001 年开馆以来，读者数量不断增加，读者最高接待量达到了 40 万人次，寒暑假及双休日每天最高接待读者甚至能达到 2000 人，受到了全市少年儿童的青睐。在建设书香型社会的当下，合肥市少儿图书馆突破自身瓶颈制约，努力承担起推广全民阅读的重任，不遗余力地提供公共文化服务，提升公民文化素质，凭借优质的服务和丰富的活动，在 2013 年中国图书馆学会举办的"全民阅读示范基地"评选活动中，被评为全国"全民阅读示范基地"，2017 年 10 月，通过中国图书馆学会的复评，继续保留"全民阅读示范基地"称号。在 2016 年 4 月召开的中国图书馆学会九届三次常务理事会上，合肥市少儿图书馆成为中国图书馆学会未成年人图书馆分会内设机构的挂靠单位，负责指导全国各图书馆研究，以及开展各种形式、内容和载体的少儿阅读活动。

合肥市少儿图书馆现有各类馆藏纸质图书、报刊约 27 万册，精选数字资源 13TB，年接待读者约 25 万人次，年平均图书流通约 30 万册次，网站和各类数字资源年均点击超过 15 万次，每年举办读书活动 200 余场次，参与人数逾 3 万人次。馆内现有图书外借处、中小学生阅览室、明德英文图书馆、低幼阅览室、盲童阅览室、童悦绘本馆、电子阅览室、声像服务部 8 个开放部门，有分馆 12 所、汽车图书馆 1 辆。

图 5-1　合肥市少年儿童图书馆外景

二、开展的全民阅读主要工作

为了践行好"读者第一，服务至上"的办馆宗旨，合肥市少儿图书馆不断创新服务方式，努力提升服务品质。一方面，积极争取改善馆舍条件；另一方面，通过开展读书活动、丰富图书资源、打造数字图书馆等方式拓宽服务，尽最大努力满足读者需求。

（一）积极推进过渡馆建设

近年来，在合肥市委、市政府和主管部门的重视和支持下，合肥市少儿图书馆不断通过工作汇报、政协提案等形式大力呼吁，积极争取改善馆舍条件，以保障未成年人阅读权益。经多方协调，2013 年底，合肥市委、市政府批示将原合肥四中 8656 平方米校舍作为该馆的过渡馆舍，并按现有建筑结构进行改造，尽快向市民开放，项目已于 2018 年底前完成改造。

（二）创新服务方式，提升服务品质

（1）接受明德基金会捐赠英文原版图书 12297 册，采购港台绘本、日文绘本和"点读笔"等特色图书 5000 余册，丰富了特色馆藏，开阔了读者的视野。

（2）放开图书采购权，让读者和直接服务读者的一线部门员工参与到图书采购过程中来，提高了馆藏图书的多样化和利用率。

（3）完善数字图书馆和自动化建设，不断丰富各类优秀的数字资源，通过办理电子借阅证打破馆舍限制，让全市少年儿童都能享受到图书馆的数字资源。

（4）开通微信和微博，创建"掌上图书馆"，引入自助借还设备，为读者服务提供便利。

（5）通过调整并延长开放时间、开通网上预约办证服务、统一数字资源登录入口、搭建网络互动信息渠道等一系列创新工作，提升服务满意度和人性化程度。

（三）开展丰富多彩的读书活动

（1）承办全国性读书活动，提升影响力。近年来，合肥市少儿图书馆共承办全国性活动 6 场，吸引了全国 23 个省份近 100 家图书馆逾 5 万人次的参与，取得了良好的社会效果。

（2）积极响应"书香合肥"建设，参与"大湖名城·悦读合肥"全民阅读活动。开展"全民阅读优秀书目推荐""图书漂流""最强大脑"等活动，助力未成年人阅读推广。

（3）积极创新馆内活动。每年开展读书活动 200 余场，既有结合中西方节日开展的"爱上阅读·爱上图书馆"系列主题活动，也有绘本讲读、手工制作、讲故事比赛等读者喜闻乐见的活动，每年参与活动的读者逾 3 万人次，营造了良好的阅读氛围。

三、活动特点与亮点

（一）承办全国性读书活动，自主设计读书活动平台

2009 年，在全国图书馆界竞争激烈的环境下，合肥市少儿图书馆依靠过硬的技术实力，独立承担了"全国少年儿童阅读年"网站的建设工作，在业界引起了很大的反响。在近几年组织的全国性读书活动中，该馆继续加大创新力度，自主设计开发了作品上传及评分系统平台，实现了大赛全程网络化，节省了大量人力和物力开支。这些活动吸引了全国大多数省份图书馆的积极参与，由于组织得力、效果显著，合肥市少年儿童图书馆连续获得 2013 年、2014 年、2015 年、2016 年和 2017 年全国少年儿童阅读年系列活动最佳组织奖和优秀组织奖。

（二）汽车图书馆服务偏远社区和农村留守儿童

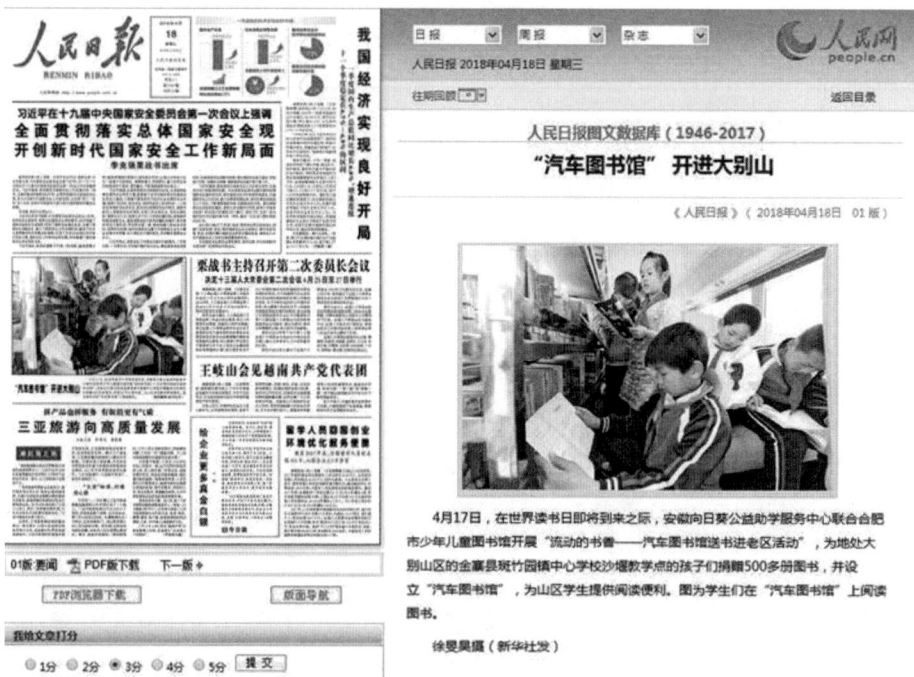

图 5-2　2018 年 4 月 18 日，《人民日报》头版以图片新闻的形式刊登合肥市少年儿童图书馆"汽车图书馆"开进大别山活动

为了改善偏远地区及农村留守儿童看书难、借书难的问题，合肥市少年儿童图书馆于 2007 年建立了安徽省内首家"汽车图书馆"，重点服务合肥偏远地区和

农村的留守儿童，为他们提供图书借阅、阅读咨询等服务。该项目自启动以来，先后在偏远乡村、特教学校、留守儿童学校、回迁小区和少数民族聚集区等100多个流动点开展服务，服务读者达10万余人次，图书流通约20万册次，开展读书活动、文化活动共计100多场次，为偏远地区和留守儿童送去了精神食粮，2009年、2010年、2018年，《人民日报》3次刊登汽车图书馆活动的新闻。《光明日报》、人民网、新华网、《安徽日报》《合肥日报》《江淮晨报》等媒体也长期关注该项目。汽车图书馆为文化弱势群体提供了平等享受文化资源和服务的机会，为推进合肥市公共文化服务均等化建设，促进文化扶贫工作注入了新活力。

（三）构建总分馆体系，拓宽服务范围

自2006年合肥市少儿图书馆与三里街社区合作成立全国首家外来务工人员子弟图书馆以来，截至目前，合肥市少儿图书馆共在合肥偏远地区和农村设立了12所分馆。合肥市少儿图书馆作为中心馆，对这些分馆在业务、藏书、文化活动等方面给予技术和资源支持，改善了当地未成年人的阅读现状，拓宽了该馆的服务范围，缓解了受面积制约的难题。

（四）读者活动创品牌

图 5-3　合肥市少年儿童图书馆品牌活动："小鬼当家——义务小馆员社会实践"

通过多年的努力和坚持，合肥市少儿图书馆常年举办的多个活动受到越来越多读者的关注和喜爱，形成了以"小鬼当家——义务小馆员社会实践""我的图书我做主——小馆员采购团""少图小影院""少儿成长讲坛""英语小广场"等为代表的活动品牌。在中国图书馆学会第二届全国图书馆未成年人服务论坛上，合肥市少儿图书馆在总结多年活动经验基础上提交的《小鬼当家——儿童参与式管理与服务》获得案例征集活动一等奖，并作为优秀案例在论坛未成年人分级阅读分会场作专题报告，与业界同仁分享交流，获得参会专家、学者的一致好评。

四、示范效果

2013 年，合肥市少儿图书馆荣获中国图书馆学会组织评选的"全民阅读示范基地"称号，当年仅有 13 家图书馆获此殊荣，安徽省也仅有 2 家图书馆获得过该称号。一个面积仅 1224 平方米的市级少儿图书馆能获得该荣誉，是对合肥市少儿图书馆及全体员工莫大的鼓励，在安徽省图书馆界乃至全国少儿图书馆界都形成了不小的"轰动效应"。安徽省内外多家图书馆慕名前来取经，大家共同分享全民阅读工作成果和经验，合力推动全民阅读活动的开展，积极为所在地区阅读事业蓬勃健康发展献计献策。如安庆图书馆在参与合肥市少儿图书馆承办的"红色记忆"主题摄影大赛时，组织小读者参观革命圣地采风；岳西图书馆联合当地教育局共同开展读书活动扩大影响力等。大家将好的经验和做法直接落实到自身工作中去，有效地推动了全民阅读工作的开展。

第二节　武汉市少年儿童图书馆

一、图书馆简介

武汉市少年儿童图书馆是武汉市唯一单设少儿图书馆，全市少儿文献资料中心，担负着全市少儿课外阅读的重要任务。从1982 年就开展的"红领巾读书读报奖章活动"，到如今的"楚童杯读书汇""马良杯书画赛""小脚印故事吧""小种子流动阅读推广""音乐阅读""非遗文化读书会"等众多品牌阅读活动，2017 年武汉少儿图书馆开展各类阅读活动 743 场，共计51521 人次参加。多年来，武汉少儿图书馆一直坚持在全市少儿中开展阅读活动，提高了阅读推广工作的能力，扩大了图书馆的社会影响力，在促进少儿阅读方面发挥了积极作用。

图 5-4 武汉市少年儿童图书馆外景

二、开展的全民阅读主要工作

（一）个性化阵地服务

武汉市少年儿童图书馆实行全开架借阅服务，并与全市公共图书馆通借通还，是全市少儿文献资料中心，根据分级阅读及个性化服务的理念开设有亲子借阅室（学前）、读者借阅室（学龄后）、教师借阅室、电子阅览室、报刊阅览室、自习大厅以及"千字屋"等对外服务窗口。借阅室内采取动、静结合的布局，阅读环境温馨，并配备有自助借还、电子书阅读器、电子听书机、电子书瀑布屏等高科技设施。设有新书推荐书架、热门图书书架、图书推荐宣传栏、图书推荐展示栏，并定期发布阅读指导折页，为来馆阅读的读者提供全方位的阅读引导服务。

（二）以阅读活动推动全民阅读

1. "知识工程"读书活动

"知识工程"读书活动包括"楚童杯读书汇"和"马良杯书画赛"，历时悠久，已连续开展 33 届。活动通过与各区图书馆合办的方式全市联动铺开。"读书汇"活动每年向孩子们推荐好书阅读，然后以竞赛的方式检验阅读的成果，形式有讲故事、诗歌朗诵、快板评书、课本剧、小品、童话剧、情景剧、家庭读书秀等。

"马良杯"少儿书画赛，每年都有数万少儿参加，形成万人初赛，千人决赛的壮观场景。自2016年起，又在中国图书馆学会支持下承办了全国少儿绘画大赛。

多年的积累收集了许多优秀的少儿书画作品，武汉市少年儿童图书馆以此为基础开展少儿书画展览活动，2017年5月还组织历届获奖作品去瑞典展出，成功主办了"放飞梦想·中国湖北—瑞典达拉纳国际儿童画展"。

图5-5 2017年"楚童杯"读书汇活动现场

2."小脚印故事吧"

"小脚印故事吧"创办于2010年，延续至今已开办200多期。它不仅是一个故事活动，更是一个推广阅读的平台，该活动每周六上午开展，每次活动的主讲人都不同，来自各行各业，甚至是小朋友，统称为"爱心主讲人"。在传播优秀文学作品的同时，每一位主讲人也亲身践行了志愿者精神、阅读推广的使命，收获了自信。目前"小脚印故事吧"还依托线上平台成立了"小脚印童书会"，开展线上阅读分享活动，并组织线下的"亲子读书会"等延伸活动。

3."小种子流动阅读推广"

"小种子流动阅读推广"创办于2013年，虽然是依托于流动图书车的阅读活动，但不局限于图书服务，而是将阅读推广活动作为重点，走进学校、社区、广场、偏远的农村、山区，不仅有优质的童书，还有名家讲座、绘本故事会、书影同映、跟大师学非遗民间技艺、阅读分享会、家长沙龙等优质的阅读推广活动。至今此项推广活动已走遍武汉三镇，甚至走入"8+1"城市圈等周边城市，开展近百站活动，行程数万公里，小到几十人参与的社区，大到同时有3000学生参与的学校，真正将阅读送到孩子们身边，在他们心里播撒快乐阅读的种子。

4. "千字屋"儿童想象力阅读体验空间

"千字屋"是武汉市少年儿童图书馆与瑞典博伦厄市政府合作的一个公益性儿童文化项目，它结合了儿童想象力与阅读搭建的体验空间，鼓励儿童通过阅读发展想象力，并在"千字屋"里将这种想象通过引导、沟通、表达、展示释放出来，创造属于孩子自己的故事。教师们会以"人物、地点、问题、愿望"四要素为引导核心，结合瑞典想象力教学方式，帮助孩子们大胆想象、大胆表达、大胆展示自己，并通过活动激发孩子的阅读兴趣。"千字屋"采取志愿教师的运营模式，面向全社会公开招募，家长也可以成为教师，学习先进的教育理念，与孩子一起成长。

图5-6　《老城新生》，武汉申报"世界设计之都"画册之"千字屋"篇

5. 音乐与阅读

用"音乐＋阅读"的方式，让孩子们通过音乐的阅读来感受文学的美，通过故事的阅读领略音乐艺术的韵味。首先故事、音乐经过再创作形成作品，现场呈现则是故事讲述与乐团现场演奏相结合，并加入适当的互动游戏。通过这种新颖的活动形式，启发孩子们对阅读及音乐艺术的兴趣。

6. 非遗文化读书会

邀请非遗民间传承人站台，讲述技艺背后的故事，现场传授制作要领，演示并教授青少年"老手艺"。让孩子们在活动中动手动脑，并对传统文化产生认同感。目前武汉市少年儿童图书馆已建立了非遗资源专家库，集聚了一大批民间艺人，不仅在本馆开展活动，还将活动推向学校、社区和其他图书馆。

7. "陪孩子一起成长"讲座活动

该讲座活动由来已久，文化界、教育界、学术界的专家和学者纷纷走上讲台，进行教育、文学、艺术、科普等内容的演讲。此外，活动还邀请普通家长走上讲堂，让他们讲家庭故事及成长故事，以鲜活的事例感染和教育听众。

8. 其他阅读推广活动

2017 年以来还推出了许多受欢迎的新活动形式，如"小梦陪你看电影"，借用翻转课堂的形式，与孩子一起观影，并讨论其中的话题；"亲子相约经典"，在武汉市离退休的中小学校老教师的带领下诵读经典文学作品。

每年还会举办多场大型全市性儿童阅读推广活动，如每年 4 月 2 日"国际儿童图书日"的纪念活动，暑假期间的中外少儿创意季活动等。

三、活动特点与亮点

（一）兼顾不同年龄段儿童的阅读指导

为了发挥图书馆在阅读指导方面的专业性及引领作用，武汉市少儿图书馆近年来更加注重分级的阅读推广，根据不同年龄段儿童的特性有针对性地设计阅读活动。例如"小脚印故事吧"主要针对低幼儿童，以绘本、阅读兴趣的培养为主；"千字屋"的主要受众是 6~10 岁的儿童，他们更能适应想象力游戏；"小梦陪你看电影"则更适合中高年级的孩子，发展他们的思辨能力。

（二）动手、动脑、动口，活动形式多样

阅读活动的形式多样，动静兼备，"非遗文化读书""亲子动手做"等活动以动手为主；"小脚印故事吧""亲子相约经典""楚童杯读书汇"等则以讲述、表演为主；"音乐与阅读""小梦陪你看电影""童话剧场"等活动则偏向于艺术欣赏和话题讨论；讲座类活动以听为主；此外还有综合性的"小种子流动阅读推广"；"千字屋"则是口、脑、手结合的一项体验活动。

（三）引进来、走出去，开展多渠道的阅读推广活动

"引进来"包括完善馆内读者服务，为来馆读者提供更方便、更快捷、更具个性化的阅读体验。在活动方面注重实用性、引导性，不仅引进专家学者，还邀请民间艺人、学校老师等参与阅读推广，甚至鼓励更多的普通人以文化志愿者的身份参与阅读推广，让他们当主角。"走出去"则体现在武汉市少儿图书馆越来越多地走到馆外开展阅读推广活动，活动不仅依托"小种子流动阅读推广"项目进学校、社区和农村，而且还发展了"小书箱"、图书流通点、分馆等，目前武汉市少儿图书馆也和书店合作，将活动引进书店。

（四）志愿者队伍支撑

志愿者在阅读推广中发挥了不可替代的作用，他们是最好的受益者、传播者，助推了本地区的全民阅读。为了更好地发挥他们的作用，武汉市少年儿童图书馆成立了志愿者委员会，让志愿者参与到志愿活动的管理中来，发挥他们的积极性与能动性，同时也为他们提供更多的培训学习机会，提高整体团队的素质。

四、示范效果

武汉市少年儿童图书馆是全国首批独立建制的大型少儿图书馆，在国内较早开始重视儿童阅读推广工作，多年来积累了丰富的经验，在地区乃至湖北省内发挥着引领作用。武汉市少儿图书馆特别重视整合当地图书馆、学校、绘本馆、社会儿童教育机构、少儿媒体、书店、出版社等资源，优势互补，共同推动本地区全民阅读工作，同时也十分重视与中国图书馆学会及国内兄弟图

书馆的联动，重视与国内少儿出版媒体的关系，在儿童阅读推广中发挥桥梁作用。

几年来，武汉市少儿图书馆因在儿童阅读推广活动方面的创新，多次荣获文化部、中国图书馆学会、省市授予的"示范基地""示范项目""优秀案例"等荣誉，并在国际交流项目中取得了可喜的成绩。

例如，"小种子流动阅读推广"项目两次被文化部评为"志愿者基层服务年示范项目"，并在中国图书馆学会"第一届全国图书馆未成年人服务论坛"案例评选中荣获一等奖；2016 年，获邀参加在美国举行的第 82 届国际图联大会海报展示会议。此外，还荣获众多省、市奖项。

通过"千字屋"项目与瑞典博伦厄市建立了深厚的友谊，与他们的关系不仅是引进，而且是文化再造后再输出，达到互相学习、共同推进的目的，成为中瑞文化交流的典范，同时也承担了更多的文化交流任务。

对于儿童阅读推广之路，武汉市少儿图书馆现在有着更清晰的思路，并将不断前进。

高校图书馆选编

第一节　北京大学图书馆

一、图书馆简介

北京大学图书馆是我国最早的现代新型图书馆之一，办馆宗旨为"兼收并蓄，传承文明，创新服务，和谐发展"，并坚持"用户导向，服务至上"的办馆理念，逐步发展成为资源丰富、现代化、综合性、开放式的研究型图书馆。

北京大学图书馆不仅以雄伟壮观的建筑跻身北京大学著名的"一塔湖图"三景，更以其博大精深的丰富馆藏、深厚绵长的精神魅力吸引着无数知识的追求者。多少大师在这里读书思索，无数学子在这里徜徉书海，她见证了名师的学术辉煌，传承着北大的学术命脉，已成为北大人心中的知识圣殿。

北京大学图书馆非常重视阅读推广工作，并积极推动校园阅读文化的建设工作，不仅成立了跨部门的阅读推广小组为师生策划举办了大量的阅读推广活动，并在活动形式与内容上不断推陈出新，多次获得"全国高校图书馆阅读推广案例大赛一等奖"，并于2015年获评"全民阅读示范基地"称号。

二、开展的全民阅读主要工作

（一）围绕"两季一节"积极开展阅读推广活动

北京大学图书馆牢牢抓住毕业季、迎新季、世界读书日这三个师生关注度最高的时间节点，集中开展各类型阅读推广活动。例如，2015 年毕业季推出了"书·时光"借阅纪录卡，帮助毕业生回顾和总结在校期间的阅读经历，受到了同学们的一致好评；2017 年迎新季推出了"轻嗅书香 阅读未来"——图书馆迎新系列活动，内容包括在线新生专栏、图书馆 VR 在线/实体全景体验活动等；2017 年"世界读书日"推出了遇见文字与声音之美——北大师生"共读一本书"朗读活动；2018 年"世界读书日"推出了阅读推荐实体书展、校庆朗读留声活动，得到师生的积极参与。此外，每年"世界读书日"期间，图书馆还会举办已经形成传统的系列阅读推广活动，包括主题专场讲座、未名读者之星评选、换书大集等。

图 6-1 北京大学图书馆外景

（二）逐步拓展"北大读书讲座"等系列读书讲座

除了"两季一节"之外，北京大学图书馆还策划组织了一些常态化进行的阅读推广活动，以丰富师生的阅读文化生活，"北大读书讲座"便是其中广受欢迎和认可的品牌活动。此外,图书馆还努力拓展讲座内容与形式,增加了"大雅讲堂"

系列讲座、"影评人进北大"系列讲座、电影欣赏讲座、音乐欣赏讲座等，极大地丰富了读书讲座的内容，为师生和公众提供更多文化与素养方面的交流机会。

2017年，图书馆又携手学校网教办，举办了以"悦读悦青春"为主题的北京大学"校庆阅读年计划"暨阅读马拉松活动。阅读马拉松活动以"线上讨论 + 线下沙龙"的形式进行"立体式"阅读，2017—2018年度首届阅读马拉松活动邀请到十位名师担纲导读，他们是：李猛、黄燎宇、朱青生、吴飞、周飞舟、白建军、谷裕、戴锦华、毛利华、韩茂莉等北大教授。

图6-2　"阅读马拉松"第七期：谷裕教授领读《浮士德》

（三）设计"以人为本"的阅读推荐展览

阅读推荐展览也是阅读推广活动重要的形式之一，北京大学图书馆每学期都利用自身丰富的馆藏资源为师生举办多场展览活动，如针对高预约量图书，举办了热门图书实体书展，通过展出实体书的方式让学生能够更加便捷地阅读到想看的书籍。同时，图书馆还不局限于原有"以书为本"的展览思路，不断尝试推出更加符合师生需求和定位的展览主题，如专门汇集通识课教师们推荐的经典参考书与简要书评，形成"通识课教参推荐展"，为学生关注经典、阅读经典提供帮助。

（四）举办形式多样的阅读文化活动

为满足师生在阅读文化方面的分享与交流需求，北京大学图书馆还积极举办读书沙龙等形式灵活的阅读活动，促进阅读文化的推广和发展。其中包括：与北京大学新青年网络文化工作室合办的"新青年·享阅读"读书沙龙活动；"行读燕园"阅读摄影活动，通过了解燕园各个角落的历史背景，引导同学们阅读北大先哲们的著作与传记；举办形式新颖的朗读系列活动，如：北大师生"共读一本书"朗读活动、"燕园留声——我为北大读首诗"朗读留声活动等。

（五）探索线上与线下相结合的活动新形式

随着社交媒体平台逐渐成为学生交流互动、分享信息的主要渠道，北京大学图书馆也及时跟进，不仅在社交媒体平台上推出了很多与阅读相关的栏目，如"图书馆好书推荐""馆藏撷珍"等，也在微信公众号上开发书评系统、扫书查馆藏等阅读相关服务，以学生喜闻乐见的形式，吸引他们参与阅读。同时，北京大学图书馆还举办了一些线上线下相结合的活动，如："图书馆密室逃生"活动，将线上资源与图书馆空间相结合，利用谜题吸引同学进一步认识图书馆、关注图书馆资源、关注阅读。

（六）尝试推出图书馆"文化工作坊"

"文化工作坊"是图书馆从 2017 年 11 月起推出的系列文化艺术活动，推出了"古琴艺术与礼乐精神"讲座、"燕园落叶艺术展""约绘图书馆，邂逅油画艺术""古典音乐、歌剧与电影交织的美丽光影"讲座等多期活动。文化工作坊形式多样，如音乐讲座、临摹、展览等；内容丰富，如古典音乐、古琴艺术、自然馈赠、油画艺术等，配合活动，图书馆也推出了相关主题书单，让师生在感受文化内涵的同时，也能了解更多相关书籍与阅读材料，从兴趣出发拓展阅读，也从拓展阅读中获得更多相关知识和更加深入的理解；突出互动性，师生不仅仅是倾听者，更是实际参与人，如油画临摹活动，参与师生既学到了油画派别、大师作品色彩借鉴、对油画的光影控制和透视关系等油画相关知识，还亲自"从零到一"完成了自己的油画作品，感受到了艺术创作的乐趣。"文化工作坊"的推出，大大拓展了读者的文化视野，促进了校园文化建设。

图6-3　"图书馆文化工作坊"第二期：燕园落叶艺术展暨燕园文化书目展

三、活动特点与亮点

北京大学图书馆近几年在阅读推广工作中以阅读为本、以创新为先，推出了很多颇具影响、广受好评的阅读文化活动，其中主要的活动亮点包括：

（1）推出"以人为本"的阅读推荐展览，拓展展览设计思路，如，十佳教师推荐展、学子推荐展、通识课教师推荐展等。

（2）举办电影相关系列讲座，感受书与电影间的文化交织，如，"影评人进北大"系列讲座、电影欣赏讲座等。

（3）探索线上与线下相结合的活动新形式，如，图书馆密室逃生、北大师生"共读一本书"朗读活动等。

（4）强调参与与互动，鼓励读者进行更多尝试、更多体验，如，图书馆文化工作坊、"燕园留声——我为北大读首诗"活动等。

（5）发布《北京大学阅读报告》，全面展示北京大学阅读统计数据，分享阅读行为与趋势分析。

四、示范效果

北京大学图书馆的多个阅读推广活动都受到了业界的广泛关注，引领了高校图书馆阅读推广相关工作的发展，如：2015 年"知书·知脸·也知心"好书榜精选书目暨阅读摄影展（简称"书脸"阅读推荐展）便在国内引起了热烈反响，《北京青年报》、人民网、中国日报网、凤凰网、中国教育之声、网易新闻中心等媒体均报道了这一创意活动，业界图书馆也纷纷关注；2014—2016 年举办的三届"图书馆密室逃生"活动，不仅获得"首届高校图书馆服务创新案例大赛一等奖"，而且还得到了很多图书馆的效仿，并作为经典案例收录在"阅读推广人"系列教材当中，为图书馆阅读推广活动的开展起到了较好的示范效应。

此外，北京大学图书馆也同样关注阅读推广工作中的交流与共享。几年来，接待了来自清华、人大、北师大等国内多家高校图书馆的到访与交流，积极分享团队建设和工作开展中的经验与心得，并通过发布《北京大学阅读报告》，分享了多年来积累的珍贵统计数据，以及在此基础上进行的大量细致分析，从而带动更多阅读相关领域的深入研究和探讨。

第二节　北京师范大学图书馆

一、图书馆简介

北京师范大学图书馆历史悠久，馆藏丰富，以教育学、心理学和文史类馆藏为特色。作为全国知名大学图书馆之一，北师大图书馆在 2011 年荣获"全民阅读示范基地"称号。为倡导多读书、读好书的校园文明风尚，推进校园文化建设，北师大图书馆联合校内外各单位面向大学生策划和组织常态化、系列化、品牌化、差异化、体验式的阅读推广活动，充分发挥高校图书馆在"倡导全民阅读，建设书香社会"，促进学习型校园建设等方面的作用。

图 6-4 北京师范大学图书馆外景

二、开展的全民阅读主要工作

（一）精品阅读·馆藏推荐系列

1. 校园品牌·师生共读一本书

"师生共读一本书"是北师大图书馆自 2010 年起联合校党委宣传部共同举办的师生共读阅读活动。活动根据每年的社会文化热点精选一本书，通过"读书文化节开幕式"、读书讲座、读书沙龙、赠书仪式等多种形式倡导师生共读、品味和鉴赏经典，在校园内形成崇尚读书、热爱读书、善于读书的良好氛围。2011—2017 年，先后共读了《苦难辉煌》《幸福的七种颜色》和《这边风景》等 7 本图书，在校园内掀起共读的热潮。

2. 新媒体导读·京师书韵专栏

2015 年，北师大图书馆推出"京师书韵"微信导读栏目。栏目通过访谈专家与教师向读者介绍读书治学方法，同时推介馆藏中外文精品与经典图书。栏目下设"名师导读""文化热点""假期书单""馆藏珍品"四个专题，以满足不同层次和类型读者的阅读需求。

3. 好书推荐·实体书展

实体书展是北师大图书馆馆藏图书推介的重要形式，书展主要有三类：一是各类推荐书目馆藏书展，如"知名大学校长推荐书展"；二是学术图书荐购书展，如"教育与心理外文原版学术书展"；三是社会热点馆藏专题书展，如"商务印书馆成立 120 周年馆藏书展"等。北师大图书馆每年举办近 30 期实体书展，年展图书 6000 余册，书展图书外借率达 54.4%。

（二）立体阅读·传统文化系列

中国优秀传统文化具有深厚的底蕴和永恒的魅力，推动传统文化知识在大学生群体中传播，拓展大学生的阅读视野，更能提高大学生文化自信与民族认同感。北师大图书馆结合馆藏特色，围绕"中国优秀传统文化"主题开展全方位、立体化的阅读推广活动。

1. "经典重温——弘扬传统文化"主题活动

图书馆每年举办与传统文化相关的专题讲座，如"祖宗之法"与北宋政治、"诗经"以及"易学与人生智慧"等，从不同角度解读中国优秀传统文化。多次开展"古书 DIY——雕版刷印体验站"活动，由馆员讲解古籍装帧样式与流程，以及雕版刷印方法，并现场指导读者亲自体验刷印"古籍"的技艺，让读者亲身感受中国优秀传统文化的魅力。

2. "读懂时间，二十四节气之美"主题活动

2017 年，在"二十四节气"申遗成功之际，北师大图书馆策划了"读懂时间·二十四节气之美"传统文化推广活动。活动包括节气知识推文、节气话题互动、节气读诗欣赏、大学生节气艺术作品展示、馆藏节气图书展、教师节气研究成果展、节气民俗游戏体验与知识问答。"二十四节气"活动还引导大学生深刻理解节气知识并进行成果转化，创作了节气诗文、朗诵、绘画、摄影、名信片等艺术作品。

图 6-5 "读懂时间·二十四节气之美"主题活动

（三）互动阅读·主题活动系列

1."品味经典·沐浴书香"世界读书日系列

北师大图书馆从 2007 年起,每年以"世界读书日"为契机举办"品味经典·沐浴书香"校园读书活动。2011—2017 年北师大图书馆先后围绕"全民阅读"主题组织了"纪念中国共产党成立 90 周年""阅读长征""一带一路——这边风景独好"等主题读书活动。

2."BNU 朗读者"系列

2017 年,北师大图书馆首次举办"享读时光·BNU 朗读者"活动,通过"声音"的形式推广经典阅读。图书馆在线上征集并发布"BNU 朗读者"作品,向大学生推荐经典图书,线下举办大型读书朗诵会,为大学生提供展示阅读风采的舞台。"BNU 朗读者"活动在校园里掀起一股朗读的热潮,"母亲节""父亲节""毕业季"等时节,大学生朗读给父母、师长、母校、朋友听,朗读的声音传遍校园内外。

3."毕业季"与"新生季"主题活动

"木铎记忆"是北师大图书馆策划的毕业季主题活动,活动通过"留下声音记忆""书写文字记忆"和"赠送数据记忆"等形式在校园中营造"尊师重教""感恩的心"等毕业情怀与氛围。"新生季"举办"阅读计划晒一晒""扫码自助游图书馆""优秀学长学姐教你玩转图书馆"等活动，让新生快速学会使用图书馆，为新生开启大学阅读之旅。

4. 校庆主题活动

北师大图书馆在校庆110周年和115周年之际，组织了"欢迎归来"校庆主题阅读活动。该馆策划了"BNU朗读者校友专辑"、"情归故里"专题书展、专家讲座等活动，特别是"BNU朗读者"活动向校友征集朗读经典图书的作品，工作在各个领域的校友从四面八方传来他们声情并茂的朗读声音，表达了他们对母校的情感，也向同学们传递着阅读的力量。

（四）学术百家·专家讲座系列

北师大"专家讲座"活动是由图书馆举办的面向校内外的大型公开学术讲座，自1990年延续至今已经举办近30年，一直受到校内外师生及媒体的广泛关注和喜爱。讲座邀请国内外各学科领域著名的专家学者，内容兼顾学科前沿及社会热点。2011—2017年，北师大图书馆共举办92场专家讲座，受惠读者2万余人次。

（五）阅读护照·畅游大学阅读之旅

2017年，北师大图书馆推出手持"阅读护照"参加图书馆举办的"京师书韵"话题互动、"传统文化体验活动""两季一日""BNU朗读者""专家讲座""信息素养培训"及日常读书活动，不仅可以集印章换图书，还可以参加"阅读之星"评选，更可以记录大学生在BNU的阅读足迹，留下美好记忆。北师大图书馆为每项主题活动设计了各具特色的活动印章，吸引大学生广泛参与阅读活动，鼓励大学生好读书、读好书。

（六）开放阅读·社会服务系列

为推进全民阅读工作，北师大图书馆不仅面向本校读者提供服务，而且还同时开展"普通市民走进高校图书馆""高考招生图书馆开放日""中小学生走入图书馆"等主题开放日与开放周活动。此外，北师大图书馆还为校友提供服务。

此外，北师大图书馆在全国师范院校图书馆联盟内连续发起并组织高校师范类院校大学生阅读现状调查等活动，其研究成果为成员馆的阅读推广工作提供了参考。

图 6-6　2011—2017 年"全民阅读"活动

三、活动特点与亮点

（1）根据学校特色与馆藏特点，围绕精品馆藏与中国优秀传统文化两条主线策划阅读推广活动，活动具有整体性。

（2）将新媒体平台作为阅读推广的主阵地，为不同类型读者提供差异化的阅读推广服务，活动具有差异性。

（3）着力打造"两季一日""BNU 朗读者""专家讲座"等品牌阅读活动，各项活动既独立成为系列又互相结合且持续深入开展，活动开展品牌化。

（4）北师大图书馆是国内较早围绕"二十四节气"主题开展阅读推广活动的高校馆，在活动内容的深度、活动形式的多样化以及文创输出方面独具特色，活动具有创新性。

（5）首推"阅读护照"形式，将阅读活动贯穿大学生学习的全过程，活动具有持续性。

（6）持续开展师范大学生阅读现状与需求调查，及时搜集阅读活动效果与数据，指导活动不断深化和创新开展，活动具有科学性。

四、示范效果

（1）图书馆的阅读活动联合馆内外、校内外各部门与单位合作开展，扩大了阅读推广的辐射面和影响力。

（2）阅读活动在馆内外的微信公众号、中国图书馆学会高校分会网站、高等师范院校联盟网站等媒体上发布，受到广泛关注。

（3）"传统文化体验"阅读活动不仅受到本校师生的广泛参与，而且也受到社会读者的广泛关注。例如，"二十四节气之美"展览转至北京师范大学实验小学校园进行常设展出。

（4）北师大图书馆与校友会合作开展的"BNU朗读者—为母校献礼"活动，得到校友的广泛好评。

（5）高等师范院校大学生阅读状况与阅读需求调查报告为联盟成员馆提供阅读推广工作参考。

第三节　东北师范大学图书馆

一、图书馆简介

东北师范大学图书馆创建于1946年，是国务院批准的首批"全国古籍重点保护单位""大学数字图书馆国际合作计划"（CADAL）数据中心、地区中心、服务中心，中国高校人文社会科学文献中心（CASHL）的学科中心，中国高等教育文献保障系统（CALIS）的成员馆和服务馆，教育部科技查新工作站，"人教数字校园"实践基地。

图书馆由本部校区图书馆和净月校区图书馆组成，总建筑面积3.87万平方米，阅览座位5045席。实行7×15小时的开馆时间。自2015年获得"全民阅读示范基地"称号以来，东北师范大学图书馆一直积极开展阅读推广工作，理念是让阅读推广贯穿大学生四年的读书生涯，激发学生阅读兴趣，培养良好阅读习惯，满足多元化培养学生的需要；基于学生的阅读需求，实时荐读，引领学生的阅读方向。让每位学生学会阅读、爱上阅读，让阅读伴随他们的成长。做到了周周有活动，月月有主题。

2017 年全年阅读推广工作在计划中有条不紊地运行，并取得了预期的效果，使学生在活动中汲取知识，认知自我；在参与中求学立德，明理增智；让图书馆在前行中弘扬文化，传播能量。

图 6-7　东北师范大学图书馆（本部校区）外景

二、开展的全民阅读主要工作

（一）品牌类系列活动

"4·23 世界读书日"启动仪式、毕业季、迎新季等活动已经持续多年，但每年在主题、形式和内容上都有所创新，既遵循原有活动目的，又让活动变得新颖、别致、有内涵。

（1）2017年"4·23世界读书日"活动围绕"阅无止境，读领未来——阅读经典"的主题展开。东北师范大学每年都会盛大而隆重地举行阅读推广活动的启动仪式，为图书馆全年的阅读活动拉开序幕。2017年启动仪式包括"经典诗词朗诵""名著改编舞蹈""经典电影展播""馆藏古籍书画陈列室展""经典图书推荐""品书圆梦大型晚会"等系列活动。当日活动从早上八点持续到晚上九点，学生可随时参加，随时感受到这里浓厚的文化氛围，也在潜移默化中让学生体会到阅读的力量，感知到书籍的召唤。

图6-8 "4·23世界读书日"启动仪式

（2）2017年毕业季在留言墙基础上又精心设计了将学校标志性建筑剪影做成的背景展板，供毕业生合影留念；同时开展了"情定终生—东师阅读卡"免费赠送活动。

（3）迎新季仍然坚持在新生入校的第一天开展，迎新礼包中包含了图书馆员手绘的校园地图、图书馆使用手册、带图书馆标志的小镜子、印有两校区图书馆图片的小扇子。在新生进入校园的第一周内，图书馆开展了与新生的第一次亲密接触活动，学生参与度很高，纷纷表示对图书馆的了解进一步加深。

（二）宣传推广类系列活动

图书推荐、文化宣传、影片展播以及多媒体宣传，都是图书馆借助实物或多媒体形态进行的宣传推广形式。利用不同的活动形式展现活动主题，用长期的、持续性的、稳定的方式让学生受到熏染。

（1）图书推荐。2017年图书馆各个阅览室做了诸如"探索哲学""诺贝尔文学奖作品""茅盾文学奖"等主题图书推荐，结合时下热点在各专区书架推出了主题图书展，为学生推荐好书，解决学生的选书困惑。

图 6-9　诺贝尔文学奖作品图书推荐

（2）大厅展板宣传。位于图书馆大厅的展板是活动中最常用的传播媒介，包括图文展、画展、摄影展、世界艺术鉴赏等内容。学生进入图书馆便可看到各种主题的展览，既具有视觉冲击力，也是对心灵的触动，同时也昭示着图书馆的文化氛围。

（3）影片展播。影片展播一直受到学生关注和追捧。2017年围绕经典纪录片、奥斯卡获奖影片、"一带一路"相关国家电影作品展等多个主题开展了多场电影放映活动。

（4）多媒体宣传。图书馆的宣传呈现多渠道、多角度，微信、电子屏的引入是对学生习惯的适应，也是技术进步的体现。2017年，东北师范大学图书馆开始利用图书馆的官方微信公开发布每周的学生意见回复，并不定期地推送馆情资讯、图书推荐等，让学生可以随时了解图书馆的活动动态。

（三）互动类的系列活动

互动类的系列活动包括培训讲座、读书沙龙、公益活动、竞赛类活动等。互动类的系列活动增强了与学生的沟通和交流，在来往之间拉近了与学生的距离，也在活动中了解到学生的真实需求或潜在需求。

（1）2017年在阅读推广范围内开展的培训讲座包括"数字阅读体验""专业数据库讲座""素养提升系列培训""实用软件知识讲座"。

（2）读书沙龙活动包括："共读一本书""早间7：30晨读""书卷有情 情寄东师"读书节、"户外读书分享"、24小时图书馆、学生朗诵等活动。这些读书活动将全民阅读理念融入其中，在与学生互动中强化学生的阅读意识，传授阅读方法，提高阅读素养，在共商、共建、共享中把阅读推广活动做强。

（3）2017年的公益性活动包括："全民阅读进校园""馆际互借优惠活动""你选书我买单"，其中"全民阅读进校园"活动为东北师范大学贫困大学生发放面值100元的购书卡500张。"你选书我买单"活动与书店联合举办书展，学生对没有馆藏的图书进行推荐，图书馆负责采购后再提供给学生阅读；馆际互借优惠活动是为了方便广大学生获取校外文献资源，东北师范大学图书馆推出的一系列文献传递与馆际互借优惠活动，所有馆外文献借阅费用由图书馆全额补贴或半价补贴。

所有的活动都经过前期精心策划安排，在无数次的研讨和"头脑风暴"中让活动方案应运而生，并在阅读推广团队的共同努力下成功举办。此外，东北师范大学图书馆还组织全校学生参与了"品书知日本征文大赛"，共征集作品71份。

三、活动特点与亮点

（一）全媒体时代的立体阅读

东北师范大学图书馆充分利用广播、音像、电影、网站、微信、微博等不同媒介形态实施阅读推广活动，让阅读的载体不只是单一的纸本图书。在做图书推荐时，还将图书相关信息制做成精美的海报，有电子版的还加上二维码链接，即便图书被借走学生仍可以通过海报了解图书的内容并根据二维码下载观看电子书，极大地方便了学生阅读。

（二）将阅读推广与信息素养教育结合在一起

通过信息素养教育培养提升个人对信息的理解、辨析、使用和制造的能力，培养有思辨意识的独立思考的人，这也契合阅读推广的理念。阅读有助于增强信息意识，丰富信息知识，提高信息能力，规范信息道德与伦理，两者相互促进、相互协调，所以在信息教育视角下进行阅读推广工作更加有效。

（三）阅读推广活动深入各个阅览室

根据阅览室藏书特点有针对性地向学生进行图书推荐，例如，在理科借阅室，做了关于心理学方面图书的推荐；在文科阅览室，做了关于哲学方面图书的推荐；保存本阅览室因为藏书最全，内容最丰富，做了"茅盾文学奖"获奖作者的图书推荐。针对阅览室的图书推荐，东北师范大学图书馆会一直开展下去。

（四）成立东北师范大学图书馆首届阅读推广志愿者组织

经过多年的阅读推广工作的实践，为了改变现有馆员人力、工作模式的瓶颈，突破活动空间的局限性，2017年，东北师范大学图书馆在探索中成立了"阅读·孵化坊"。面向在校生招募对阅读有浓厚兴趣的学生，培养其成为"阅读人"，更进一步成为同学身边的"阅读推广人"，使阅读推广在校园内全面开花。并延伸图书馆的功能，使其成为课堂，切实起到教育学生的功效。通过开展阅读教育，塑造阅读习惯，提高阅读能力，传授阅读方法，培养志愿者成为泛在的"阅读推广人"，影响和带动身边的人共读。目前，"孵化坊"成员在图书馆老师的带领下已经完成了多项图书馆的阅读推广活动。

四、示范效果

（一）持续的"品牌效应"

东北师范大学图书馆的体系化阅读推广已经开展了 6 年，每年都以 4 月 23 日世界读书日启幕，每年都推出 20 余项活动主题，成为东北师范大学学子踊跃参加的"阅读盛典"，同时也辐射和影响到吉林省各个高校。例如，图书馆每年的阅读推广主题和展板都被省内各个高校广为宣传与使用。

（二）深远的创新活动示范

东北师范大学图书馆每年的阅读推广活动都涵盖纸质媒介、广播、影像、网站、微信、微博等不同形态，活动精彩纷呈，深受学生喜爱。打造了"书影随行""阅读孵化坊"等阅读推广品牌，为吉林省阅读推广提供了可复制推广的范本。

（三）新型的活动组织模式

围绕阅读，全面致力于学习资源的订购、学习空间的改造、学习服务的创新、学习活动的组织等；注重于学生的沟通合作，全面支持学生的学习、交流；同时成立图书馆自己的学生组织，采用馆员加学生的工作模式开展活动。新型的组织模式成为多所高校图书馆考察、借鉴的原型。

（四）创新的空间利用

从阅读活动出发，围绕学生学习交流、艺术欣赏等方面的需要，东北师范大学图书馆充分利用阅览室空间、大厅空间、走廊空间、多媒体阅览室、影音放映空间等一切图书馆有形空间，围绕学生的阅读需要开展阅读推广活动，为图书馆空间再造提供了一个新思路，也为其他高校图书馆空间再造提供了借鉴。

第四节　兰州大学图书馆

一、图书馆简介

兰州大学图书馆的历史可追溯到 1909 年，1913 年以清代贡院遗留的"观成堂"

为书库，"至公堂"为阅览室，1946 年以后修建二层独立馆舍一座，名曰"积石堂"，面积 1616 平方米，1962 年建成 7800 平方米的图书馆楼。1998 年 5 月，香港邵逸夫先生捐助部分款项，国家教育部批准立项扩建盘旋路校区图书馆，面积达 22000 平方米（简称"中心馆"），2005 年 9 月，建成面积 39000 平方米的榆中校区图书馆，名曰"昆仑堂"，总建筑面积达 61000 平方米。

兰州大学图书馆作为大学校园文化建设的重要组织者和实施者，充分发挥其文化育人的优势，坚持育人为本的服务理念，依托丰富的文献信息资源、专业化的文献信息服务和高素质的馆员队伍，积极组织开展全民阅读推广，有力地推动了大学校园文化建设。自 2007 年以来，已成功举办 10 届世界读书日系列活动，因在倡导阅读、推广阅读方面工作得力，曾先后被甘肃省图书馆学会和中国图书馆学会评为"全民阅读先进单位"，并于 2012 年被甘肃省图书馆学会授予"全民阅读基地"称号，2015 年被中国图书馆学会授予"全民阅读示范基地"称号。

图 6-10　兰州大学图书馆"积石堂"外景

二、开展的全民阅读主要工作

（一）整合资源，健全机制，开创阅读推广新局面

为了更好地开展全民阅读活动，提升阅读推广工作的影响力，兰州大学图书馆注重整合校内外资源，构建全民阅读推广工作持续长效机制。通过建立专门的工作组织体系，成立高素质的阅读推广团队，搭建多方协同响应的联动合作平台，为全民阅读推广活动提供坚强的组织保证和人力资源保障。在"倡导全民阅读、建设书香社会"连续写入政府工作报告，全民阅读日益成为国家战略的时代背景下，兰州大学图书馆着力打造"书香兰大"主题文化品牌活动，努力弘扬"勤奋、求实、进取"的优良学风，激发大学生的读书热情，使阅读融入师生生活，开创了阅读推广工作的新局面。

（二）精心策划，加强合作，确保阅读推广工作顺利开展

为确保阅读推广活动有效、规范、深入、有序地开展，兰州大学图书馆每年根据中国图书馆学会和甘肃省图书馆学会的精神，精心策划当年活动主题及实施方案，加强纵向部门协作与横向单位合作，从经费预算、流程设定、任务分工到技术支持、宣传报道，广泛动员，形成合力，稳步推进，狠抓落实，确保了阅读推广系列活动的顺利实施。

（三）丰富内容，创新形式，提升阅读推广效果

在组织开展全民阅读活动中，注重坚持传承良好传统的基础上不断推陈出新，丰富活动内容，创新活动载体，彰显兰大特色，开展了一系列丰富多彩、形式多样的阅读推广活动。为进一步扩大影响，每年 4 月 23 日，都会举办世界读书日系列活动开幕式或启动仪式，邀请学校相关部门和单位参加，拉开阅读推广的帷幕。

三、活动特点与亮点

创新是发展不竭的动力。兰州大学图书馆在长期的阅读推广工作实践中积累了丰富的经验，在坚持传统的基础上，锐意进取，勇于创新，积淀形成了自己的特色和亮点，形成了多读书、读好书的校园文明风尚。

（一）紧扣时代主题，丰富校园文化

（1）自 2014 年起，政府工作报告已连续六次提出"全民阅读"，这表明我国政府对全民阅读越来越重视，已经成为我国文化强国建设的重大战略举措。兰州大学图书馆准确把握时代脉搏，2015 年以"书香兰大"阅读节统领当年阅读推广活动，面向学院征集设计"书香兰大"徽标，并于 2016 年发布了"书香兰大"阅读节 logo，鲜明形象的 logo 对于建设"书香兰大"阅读节校园文化品牌效应、统筹协调阅读节系列活动、提高阅读推广活动的认可度、凝聚力和亲和力都发挥了重要作用。

图 6-11 兰州大学副校长安黎哲和艺术学院老师马若琼给"书香兰大"徽标揭幕

（2）2015 年 3 月 28 日，国家发展改革委、外交部、商务部联合发布了《推动共建丝绸之路经济带和 21 世纪海上丝绸之路的愿景与行动》，标志着"一带一路"作为国家顶层发展战略的深入实施。兰州大学地处古丝绸之路的必经之地，是多民族的文化融合地，在"一带一路"战略实施中大有可为。2015 年，兰州大学图书馆充分发挥兰州大学伊斯兰文献中心、地方边疆文献中心特藏资源优势，举办"一带一路"主题文化图书展，向师生展出兰州大学教师撰写的"一带一路"

专著，以及馆藏地方志、《古兰经》、敦煌文化等反映"一带一路"的经典文献，在向师生宣传"一带一路"知识的同时，展示图书馆"一带一路"特藏资源建设方面的成果，为广大师生研究"一带一路"提供文献资源保障。

（二）立足本校实际，建设"书香兰大"

兰州大学的校情是开展阅读推广工作的肥沃土壤。离开了学校实际、读者群体特点谈阅读，犹如空中楼阁。兰州大学图书馆始终以校为本，结合学校的学术专长、馆员特长、读者特点、地域特色策划组织了"风速对话""院长推荐书目""我最喜爱十大教师推荐书目"、"读具慧眼"原创视频大赛、胡猛立国学经典书法作品巡回展、"与书相约"纸中城邦优秀图书展、"西北旅游、古典文学、新生入学"等专题好书推荐、"书动青春"知识竞赛等独具兰大特色的全民阅读活动，发挥兰州大学的独有优势，努力使"立身以立学为先，立学以读书为本"的理念深入人心。

图6-12 兰州大学原校长王乘特邀担任第八期"风速对话"读书分享会分享嘉宾

（三）紧抓发展机遇，打造多维度推广平台

移动互联网时代，阅读理念、阅读方式深刻变革。兰州大学图书馆注重利用

微信、微博等新媒体手段开展线上线下相配合、纸本阅读与电子阅读相结合、传统阅读与复合阅读互补的多维度推广。2016 年，还开发了"书香兰大"阅读推广专门网站，开展了"书香兰大，数字悦读"扫码共读电子书活动；2017 年与学校广播电台联合，开展了"我把书读给你听"的听书活动等，把阅读变为文字、图片、视频、声音等多维感官的享受，深受师生的喜爱。

四、示范效果

（1）互通有无，共建共享，面向区域开展阅读推广工作的交流学习，共同提高全民阅读活动的质量。兰州大学图书馆充分发挥甘肃省高等学校图书情报工作委员会主任委员馆及秘书处所在馆的作用，加强同成员馆的业务交流，在宣传和推广阅读活动中互相借鉴学习，发挥了一定的示范、辐射、引领和带动作用。

（2）积极组织和承办各类馆际会议和活动，搭建辐射引领的展示平台。通过举办"高校图书馆发展论坛""胡猛立国学经典书法作品高校展及专题讲座"等活动，学习先进做法，分享成功经验，展示宣传兰州大学图书馆在相关工作中的成果，既开阔了视野，也获得了启迪。胡猛立抄录国学经典推广项目开辟了国学经典阅读推广的新范式，其作品多次在西北师范大学、甘肃中医药大学、兰州交通大学、甘肃省图书馆等同行单位巡回展出，并开展国学经典专题讲座，反响强烈，包括人民网、中国新闻网、新华网、中青在线、中国日报国际频道、甘肃日报、甘肃新闻网、香港文汇报、凤凰网资讯等在内的数十家新闻媒体对此进行了详细报道和转载，甘肃新闻综合广播 FM96.6 就兰州大学图书馆经典阅读推广实践及经典阅读的意义等进行了现场采访，采访内容分上、下两集分别在甘肃新闻综合广播"陇上人家"节目播出。该案例荣获"首届全国高校图书馆阅读推广案例大赛总决赛优秀奖"，以及"西部赛区二等奖"。

第五节　南京师范大学图书馆

一、图书馆简介

南京师范大学图书馆是 1952 年在原金陵女子文理学院图书馆的馆舍及图书、设备的基础上，调集前南京大学师范学院、金陵大学等单位，加之 2000 年院校重组后在原南京动力高等专科学校所藏书刊文献资料基础上组建起来的。经过半个多世纪的努力，特别是南京师范大学进入"211 工程"后，图书馆建设也取得了长足的发展，并形成了"总馆＋专业馆＋储存图书馆"的大学图书馆系统建设模式。拥有仙林校区敬文图书馆（总馆）、社科图书馆（含储存图书馆）、数理化图书馆、生地图书馆，随园校区西山图书馆（文学图书馆）、华夏图书馆（教育图书馆），紫金校区紫金图书馆（工科图书馆），总建筑面积近 40000 平方米。2007 年、2010 年曾两次被中国图书馆学会评为"全民阅读活动先进单位"，2012 年被中国图书馆学会授予"全民阅读示范基地"称号。

图 6-13　南京师范大学敬文图书馆外景

二、开展的全民阅读主要工作

近年来，南京师范大学图书馆不断拓展服务内容和方式，以多元化的服务理念，满足不同人群的阅读需求，切实将全民阅读活动落到实处。

图 6-14　2017 年 6 月 12 日，纽约州立宾汉顿大学中国语言文学教授、宾汉顿大学戏曲孔子学院院长陈祖言教授做客敬文讲坛

（1）以举办"敬文讲坛"为"龙头"，积极打造学校的文化活动品牌。该讲坛创办于南京师范大学图书馆第五届文明服务月（2006 年 11 月）期间，是一个传播文化知识的通识性讲座，注重通俗性、实用性、学术性，旨在普及文化常识、享受智慧人生，让不同学术领域的专家学者为来自于不同专业背景的读者服务，以此搭建专家学者与读者交流的平台。以近三年为例，2015 年，举办了《从比较史视角看中国性别史》等讲座 16 场，接待读者 1790 人左右；2016 年，开设了《范仲淹边塞词的深度调查》等 24 场讲座，接待读者 2500 人左右；2017年开设了《佛学与现代人生》《最是书香能致远——阅读选择与幸福追求》等 15场讲座，接待读者近 2000 人。截至 2017 年底，共举办了 229 场"敬文讲坛"。2010 年，该活动被学校评为"'五个一'工程创建类活动奖"。

（2）自 2011 年 4 月以来，南师大图书馆已连续七年举办了学校一年一度的读书节活动。首届读书节的主题为"引领读书热潮，服务同学老师，打造文化精品，营造书香校园"；2012 年读书节的主题为"播撒阅读种子，传播百年文化，畅想世纪书香"；2013 年读书节的主题为"大兴学习之风，助推全民阅读，营造书香校园"；2014 年读书节的主题为"书香提升境界，阅读铸就人生"；2015 年读书节的主题为"让阅读成为一种时尚"；2016 年读书节的主题为"知识因传播而美丽"；2017 年读书节的主题为"浸润书香，品味人生"。读书节的活动内容包括：主题征文、摄影大赛、阅读讲座、图书展览、朗诵会等。2016 年，该活动被学校纳入"首届校园文化品牌培育项目立项名单"。

图 6-15　2016 年 4 月 21 日，南师大第六届读书节开幕式在敬文图书馆举行

（3）"真人图书馆"创建于南京师范大学校庆 110 周年之际，由校友韩澈、王薇艳发起，旨在搭建一个不同领域的人进行思想交流的新平台。通过这个平台，把有着不同人生经历的人邀请到一起以一种面对面的沟通形式来完成对"图书"的阅读，这是对传统图书馆模式的一种创新。对人生经验还不够丰富的大学生来说也是一种帮助，有利于建设和谐校园，形成积极进取、团结友善的良好校园风尚。截至 2017 年底，已举办了"真人图书馆 @ 南师大"活动共计 12 季的活动。2014 年，"真人图书馆"被学校评为"'五个一'工程创建类活动奖"。

（4）"图书馆宣传周"源于图书馆 2012 年的"文明服务月"，旨在推广图书馆的馆藏资源，助推学校的学科建设和全民阅读活动。如：2015 年宣传周主题为"互动·体验·交流——走进图书馆"，内容有深度体验、资源推广、交流互动、魅力活动等；2016 年举办了"2016 年图书馆宣传周 @+"的活动，内容分为：印象图书馆、发现之门、Face to Face、诗意与远方四个专题。2017 年举办了主题为"悦享图书馆：2017 南师大图书馆宣传周"的活动，先后推出了"我有朗读亭，你有故事吗""旧书换新衣，不厌百回读"等 9 项活动。

此外，图书馆还不定期举办内容多样的"敬文展览"，定期开设以推广馆藏数字资源为主要内容的专题讲座，在三个校区向社会人士免费发放当日阅览证100 张等，多渠道切实助推全民阅读的深入开展。

三、活动特点与亮点

"真人图书馆"是对传统图书馆模式的一种创新，把书的概念衍生到人，即每个人的经历都是一本书。传统图书馆以提供纸质借阅服务为主，而"真人图书馆"则倡导一种通过"面对面"沟通和交流来完成对图书的阅读。通过对话，可以更加直接地体验"书籍"的情感的经验，能够更深刻地体会到"书籍"所包含的深刻内涵。"面对面"的交流让传统阅读中体会作者的环节更加真实，更能产生共鸣，更能产生直观的概念。2012 年 9 月，南京师范大学图书馆推出了"移动真人图书馆南京站"的活动，给图书馆的全民阅读活动注入新的活力。

以 2017 年"真人图书馆 @ 南师大"第 11 季、第 12 季的活动为例，共推出南大博士叶铭、优秀学生干部张胜男、骑行客陈西、法学学霸王庆宇、美丽的支教老师袁倩、国家励志奖获得者王俊娇等 9 本"图书"。活动受到了众多师生的关注，也吸引了南京仙林大学城的高校以及周边高校的师生前来参加。

此项活动用别样的方式告诉我们，在这样一个多元化的社会里，学生的选择不应该越来越趋同，真人图书鲜活独特的经历向读者传递了一种多元化选择的精神。生活是可以丰富多彩的，不同的选择带来的是不同的人生，而年轻的我们需要这种勇敢。正是这种精神感染了大家，吸引了众多读者和媒体的关注。

新华网江苏频道对南京师范大学图书馆的"真人图书馆"活动曾有如此报道："真人图书馆"的"藏书"是各种有着不平凡经历的平凡人，"书名"就是他们最想说的某种经历或想法。"借阅"者通过听取他们的故事、开展深入交流，可以分享人生经验，丰富对生活和世界的认识；而"真人图书"们通过经验传播，则可让更多人了解自己以及所代表的社会群体，获取共鸣与鼓舞。

四、示范效果

多年来，南京师范大学图书馆以"第三文化空间"为发展目标，不断拓展服务内容和方式，以多元化的服务理念，满足多元人群的多元文化需求，引入讲座、展览、沙龙、网络等多种形式，努力打造全新的图书馆"大阅读"理念，充分体现图书馆开放、自由、多元、交流和学习的五大特点，积极打造敬文讲坛、真人图书馆、南师大读书节等特色系列文化活动，极大地提升了学校文化建设的内涵，并向所在驻地仙林大学城进行了辐射，在助推全民阅读活动的同时，也为学校建设成为"有国际影响的高水平大学"的战略目标积极发挥作用。

第六节　武汉大学图书馆

一、图书馆简介

武汉大学图书馆以其悠久的历史、丰富的藏书、宏伟的建筑、幽雅的环境而闻名于世。图书馆现有馆舍总面积为 94704 平方米。截至 2017 年 12 月，文献资源总量达 1710 万余册，订购各类文献数据库 506 个，学科覆盖文、理、工、农、医等各个领域。

图6-16　武汉大学图书馆总馆外景

近年来，武汉大学图书馆加大宣传推广工作力度，将推广阅读、传承文明、引导积极向上的校园文化作为职责，积极探索新的服务推广模式，建立有效的推广策略，系统策划推广内容，充分运用新媒体引导读者积极参与图书馆活动。全力打造以阅读平台、阅读品牌和文化宣传相结合的"三位一体"的阅读推广体系，形成图书馆和读者之间的双赢格局。

一路走来，图书馆已成为爱书人的精神殿堂。同时，武汉大学图书馆以学校为中心，通过读书节、文华讲坛等阅读品牌活动，以及各种特色文艺活动，惠及周边居民，努力在社会上营造一种爱读书的良好氛围。

由于多元化阅读活动的开展，图书馆继2013年和2014年连续获得"全民阅读先进单位"后，2016年又被中国图书馆学会评为"全民阅读示范基地"，2017年通过"全民阅读示范基地"复核。

二、开展的全民阅读主要工作

（一）创办"文华"系列品牌

1. 品牌讲座"文华讲坛"

"文华讲坛"创办于 2014 年，2014 年 4 月 23 日，武汉大学图书馆邀请湖北籍知名作家刘醒龙做"文华讲坛"开坛演讲。截至 2017 年底，"文华讲坛"已先后邀请葛剑雄、冯天瑜等专家学者做客"文华讲坛"，为读者带来高水平的学术讲座 11 讲。"文华讲坛"面向社会开放，惠及周边居民及校外读者。2017 年还开通了网上直播，据不完全统计，讲坛参与者已逾万人次。

2. 读书类刊物《文华书潮》

《文华书潮》是武汉大学图书馆于 2014 年 4 月创办的一种读书刊物，每年出版四期，向校内师生及社会各界阅读爱好者免费赠送，受众辐射全国 20 多个省市。刊中的优秀文章多次被武汉大学新闻网、《中国文化报》等媒体全文转载。2016 年，在中国图书馆学会阅读推广委员会举办的"阅读刊物的阅读推广实例"征集活动中荣获一等奖；2017 年，又获得中国图书馆学会颁发的 2017 年"中国图书馆阅读推广类十佳内刊内报新秀奖"。

（二）打造图书馆品牌活动

1. 武汉大学读书节

"武汉大学读书节"始于 2013 年，以 4 月 23 日"世界读书日"为起点，历时近两个月。自 2014 年起，每年读书节会确定阅读主题，并围绕主题策划一系列展览、名家讲座、读书会、真人图书馆、影视赏析分享会、线上线下竞赛等活动。

表 6-1   2014—2017 年度"武汉大学读书节"主题

年度	读书节主题
2014	汉派作家立体阅读
2015	中外经典立体阅读
2016	专业阅读和研究
2017	中国古典诗词立体阅读

6 年来，"武汉大学读书节"已举办各类活动百余项，近 10 万人次参与相

关活动。各类活动受到湖北经视频道、长江日报、光明网等 20 多家媒体报道或转载。

2015 年，"武汉大学读书节"获评武汉市 2014 年度读书之城建设"十大品牌读书活动"。

图 6-17　"武汉大学读书节"开幕式

2. 毕业季

自 2017 年开始，每年 6—7 月，武汉大学图书馆以微信为主要活动平台，推出一系列毕业季活动，包括展示毕业生个人数据的"小布情书"、最美毕业照征集、毕业照展示等，并为毕业生量身推荐阅读书目。2017 年，约有 4.4 万人次收取了"小布情书"，800 余人上传毕业照 2000 余张，毕业季各项活动获得历届毕业生的高度赞赏。

3. 迎新季

为让新生入校起就了解图书馆、学会利用图书馆进而爱上图书馆，每年 9 月，图书馆针对新生推出"拯救小布"线上游戏，推出系列新生微课，举办新生相关资源海报展，并开展"We are family"新生同游图书馆、"读出你的理想国"等线下活动。新生普遍反映收获良多。

4. 文化活动月

武汉大学图书馆"文化活动月"始于 2012 年，每年 9 月推出"文化活动月"系列活动，活动跨越 2~3 个月，活动月期间，图书馆主办各种资源展览、数字资源搜索大赛等活动，向全校师生推介图书馆资源和服务。

5. 各类艺文活动

图书馆拥有"珞珈阅读广场""真人图书馆"等一批具有武大特色的艺文活动品牌。

"微天堂"真人图书馆与兄弟高校、公共图书馆开展合作，通过室内、户外、网络等多种形式开展活动。2017 年，"微天堂"真人图书馆获得"IFLA 图书馆国际营销奖"。

"珞珈阅读广场"以沙龙的形式，与读者分享一本书、一部电影或一部戏剧。随着活动影响力的逐渐增大，主讲人从校内师生扩展到附近高校学生，还吸引了诸如西宁 FIRST 青年电影节、北京国际电影节展映影片的导演来广场进行分享。

（三）开展读书共建

图书馆充分发挥资源优势和人才优势，支持武汉市"读书之城"和"大学之城"建设。2013 年与珞珈山街建立"东湖村社区图书服务站"，2014 年与光谷生物城共建"图书文化协同发展基地"，向兄弟院校图书馆及中小学捐赠图书，服务地方社会，推广全民阅读，均取得了良好的社会效益。"武汉大学读书节"是武汉市重点读书活动内容之一，也是政府与学校合作的重要连接载体。

三、活动特点与亮点

（一）注重顶层设计，构建多元化的阅读推广模式

1. 阅读推广活动贯穿全年

经过多年发展，图书馆已形成了一系列具有武大特色的阅读推广品牌，活动覆盖全年。4—5 月推出"武汉大学读书节"、6 月有充满情怀的毕业季，9 月有迎新季活动，10—11 月是"文化活动月"。同时，"文华讲坛"、《文华书潮》、珞珈阅读广场、真人图书馆等各种精品讲座、读书刊物、学术沙龙、艺文活动等贯

穿其中，让校园四季飘书香，使读者全年都能感受丰富充盈的书香文化。

2. 阅读主题丰富、形式多样

图书馆积极开拓创新，策划主题丰富、形式多样的活动，激发读者的阅读兴趣。活动主题涉及汉派作家作品、经典阅读、专业阅读、古典文学、戏剧戏曲等，围绕主题开展专家讲座、专家导读、知识大赛、诵读大赛、书评、书展、图片展、电影周、阅读分享等形式多样的立体阅读。图书馆举办的各类活动或注重阅读引导，或注重学术、思想、文化的交流和分享，或注重阅读感悟和提升，或注重阅读资源的循环传递。

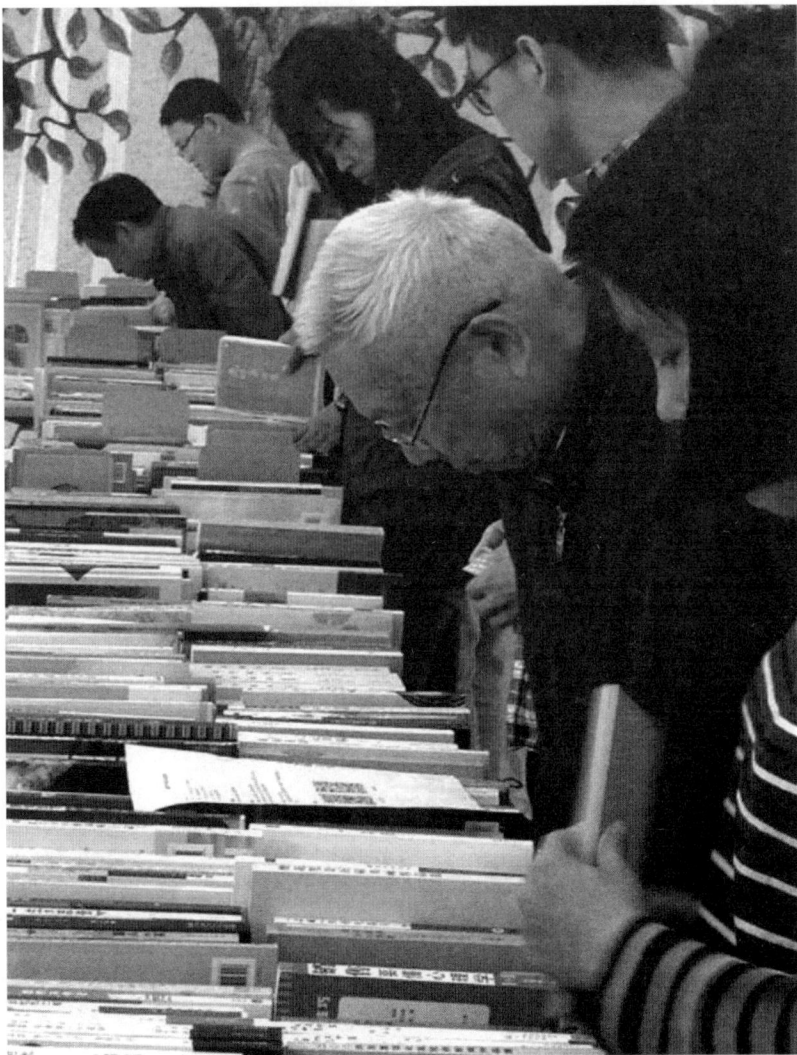

图 6-18　图书互换活动每年都吸引校内外众多爱书人参与

3.融入卡通形象，建立体系化的宣传推广品牌

（1）"小布"形象深入宣传推广。2012年，武汉大学图书馆设计了卡通馆员形象——小布。小布诞生后，积极参与各项服务与推广活动，作为图书馆"代言人"，与读者互动不断加强。2014年，《基于卡通形象"小布"的高校图书馆阅读推广》案例在中国图书馆学会"高校阅读推广活动优秀案例"征集活动中荣获一等奖；2017年，《借助虚拟馆员提升图书馆读者服务质量和服务水平——小布系列服务》获评湖北省图书馆学会"全民阅读优秀服务"。

（2）"小布"主题在线活动。武汉大学图书馆推出系列"小布"在线活动，受到校内外读者的喜爱和热捧。2014年起推出《拯救小布》新生游戏代替传统新生培训；2015读书节推出"拯救小布之消失的经典"经典名著在线游戏；2017毕业季推出"一封来自小布的毕业情书"，这些活动均获得很高的关注，受到高度赞赏。

（3）"小布"周边产品根植品牌文化。除了在各种媒介上的形象宣传，武汉大学图书馆还着力打造小布主题的文创产品，带有小布形象的书签、笔记本、笔袋、背包等深受读者喜爱。

（三）借助新媒体，使阅读推广辐射更广

1."三位一体"阅读推广体系提升影响力

武汉大学图书馆发挥新媒体的宣传作用，全力打造阅读平台、阅读品牌和文化宣传相结合的"三位一体"的阅读推广体系。双微结合节日、季节推出不同书单，结合线下活动推出书单，在"真人图书馆"等活动回顾中也融入书目推荐的内容。

2.线上活动助推书香远播

除了书目推荐，图书馆以微博/微信为平台开展微活动，吸引校内外读者积极参与。网上微书评大赛、藏书印辨认、"古典文学知识大赛""一封来自小布的毕业情书"等线上活动都吸引了众多校内外读者参与，让更多人在一起品读书香、享受阅读带来的乐趣。

（四）多方合作交流，深化全民阅读

1. 与学生社团合作，打造校园文化中心地

每年近 20 个学生社团与武汉大学图书馆合作举办各种阅读推广活动，他们的参与极大地促进了图书馆活动效果和形象提升，也将校园文化生活聚集到图书馆。同时学生组织通过图书馆提供的平台得到了自我提升，实现图书馆与学生组织的良性互动与合作双赢。

2. 多方寻求校外合作，引导阅读正方向

武汉大学图书馆与本地科研院所图书馆、高等院校图书馆、中小学图书馆、企业图书馆和公共图书馆等各类型图书馆成立"图书馆联盟"，致力于推动各类型图书馆实现资源共享、协作联动、互补多赢的发展目标。

四、示范效果

（一）校际活动，实现各校共同发展

武汉大学图书馆积极承办湖北省高校的大型赛事，如首届湖北省高校"寻找最美之声"朗读大赛、首届湖北省高校"学术搜索挑战赛"，得到全省高校的大力支持和积极参与。借助这种跨校际的文化活动，打破高校与高校之间的屏障，发挥武汉大学图书馆业界"领头羊"的作用，促进各高校共同发展。

（二）社区共建，带动社会阅读之风

武汉大学图书馆还与社区合作举办"书香暖童心·经典伴成长——社区流动儿童走进武大图书馆体验悦读""共读一本经典"爱心赠书活动，举办"真人图书馆"走进社区、与光谷生物城举办读书联谊活动。与社区合作有助于社区文化建设，带动起社会的学习之风、阅读之风。

附 录

附录一　2016 年全民阅读活动"阅读推广优秀项目"选编

电影＋学者＋青年导演——北大特色的电影艺术阅读推广

北京大学图书馆

一、总体思路

长期以来，图书馆阅读推广活动的重心都放在书籍这一知识载体上，而忽略了其他文化艺术载体类型的传播形式。2016 年始，北大图书馆将阅读宣传推广活动的目光瞄向了电影这一新领域，推动深度阅读好电影，在阅读推广方面开辟新方向，在校园内进行了织网式的电影阅读推广。

电影被称为"20 世纪最伟大的艺术"，和文学（小说、叙事诗）、戏剧一样，是一门伟大的叙事艺术。它的魅力并不止于消遣娱乐或是带来奇观。电影更多的是带人进入那些自己的有限生命不能经历的故事，带来自我认知的深化以及生活感悟的共鸣。好的电影更是富有深刻的文化和社会意义，给人以启迪和洗礼。北京大学成立了电影与文化研究中心，专门指导学生进行影片精读、学习电影理论。电影在校园师生精神生活中业已扮演起重要的角色。基于此，北京大学图书馆举办了优秀电影展映 / 导演见面会系列活动，以及北大图书馆"影评人进北大"系列讲座，并配套展出与电影相关的图书。通过提供电影和图书两种截然不同的阅读载体，丰富读者的阅读体验，培养读者的艺术欣赏能力，开展了织网式、复合式、交响式的阅读推广。

二、主要措施

北大图书馆阅读推广小组携手北大"我们"文学社、北京大学影视创作协会等学生社团，致力于发现、推广未公映的好电影，将有深度有思想的不为人知的好电影引进校园，并邀请导演及制作团队、专业影评人和电影文化的研究学者齐聚一堂，共同分析镜头语言、解读电影叙事的技术、品评电影的历史内涵及现实意义、了解电影背后的故事。同时，配套展出与活动有关的图书，如演讲者的著述、电影剧本原著、人物传记、与电影故事背景相关的图书、演讲者推荐的延伸读物等。通过"电影＋图书"协同推广的形式，把图书馆打造为推介好电影、好图书的文化重地。我们举办的系列活动如下。

（一）发现、推介、研讨好电影系列

第一期：电影《河》放映及导演松太加与李洋对谈（2016.05.25）

放映藏族导演松太加的新作《河》，并邀请其与北大艺术学理论系主任李洋对谈，共同探讨《河》这部电影所呈现的东方式亲情，以及人际的阻隔与沟通、凝固与流动。

第二期：电影《八月》放映 & 主创交流活动（2016.10.14）

选取了青年导演张大磊的作品《八月》，并邀请到专业影评人王昕与之对谈。这部富有导演个人色彩的电影带给现场的观众诸多回忆与感动，并让同学们得以近距离接触导演，了解电影拍摄及前前后后的幕后故事。电影获得"第53届台北金马奖最佳剧情片奖"，并于2017年搬上大银幕。

图1 北京大学图书馆"电影讲座"系列:《八月》放映及导演张大磊交流活动现场

第三期:纪录片《福柯》放映 & 主创交流活动(2016.10.15)

本期邀请了首都师范大学教授汪民安,并放映了他的新电影《福柯》。参与观众近400人,反响热烈,另外还获得凤凰网直播的诸多线上观众好评。汪民安的这部电影像是一篇学术论文,表达出福柯思想的三个关键词:"人之死""权力／知识"与"自我技术"。汪导与对谈嘉宾北京大学的戴锦华教授的交流也妙趣横生,让大家更深入地了解了法国哲学家的思想。

图2　纪录片《福柯》映后导演与嘉宾对谈环节

第四期：纪录片《人类》放映及导演见面会（2016.10.21）

播放了法国著名摄影师、导演扬恩·亚瑟·贝特朗的新作《人类》，并邀请到导演本人与北京大学的戴锦华教授及北京大学法语系主任董强出席，让热爱电影和摄影、关注人类生存境遇的师生们近距离地与大师交流。

第五期:《造化》放映 & 主创交流活动（2016.10.27）

放映了 2016 FIRST 最佳短片奖电影《造化》，并邀请到导演于镭与专业影评人王昕，让大家了解到一个业外人士制作一部电影过程中的诸多细节：准备工作、设计剪辑、拍摄花絮、资金支持等。

图3 2016FIRST 最佳短片奖电影《造化》放映现场

（二）影评人进北大系列

第一讲：从电影北京到北京电影——一个新影像城市的崛起（2016.03.25）

邀请到了中国电影资料馆事业发展部副处长沙丹，他以中国电影百余年的发展历史为线索，讲述了一个从"被摄入镜头的北京""作为故事背景的北京"到"北京气质主导的北京"，以及"电影城市北京"这样的嬗变过程。让听众深刻了解了电影与城市，以及北京电影史，并了解到艺术院线的进展、北京国际电影节布展情况。

第二讲：西方大屠杀电影的历史与争议（2016.11.15）

2016北京大学欧盟影片展映季播放了一系列优秀影片，为了深入理解其中影片之一《索尔之子》的历史内涵，邀请了北京大学的李洋教授作了专题讲座，梳理影像记录中的大屠杀历史，讲解镜头语言之下的大屠杀话语与不同影片暴力描写所引发的争议。

第三讲：魔镜或碎窗——肯·洛奇与《我是布莱克》（2016.11.25）

本期邀请到北京大学的戴锦华教授，讲解在学校百年讲堂上映后备受热议的第 69 届戛纳国际电影节金棕榈奖影片《我是布莱克》。戴锦华教授深入剖析了该影片的电影艺术及其现实意义。

三、解决的主要问题

"电影艺术阅读推广"活动通过展映最新产生的青年导演电影、学者电影和举办专业影评人讲座，让电影艺术的创造者、生产者与受众和研究人员齐聚一堂。读者不出校门就能看到最新的好电影，接触到电影行业的一线从业人员，并在活动中学习到专业的电影理论、电影文化、电影艺术批评赏析的知识；而电影生产者也借机宣传了自己的作品，了解到观众的评价和反映，并能和专业的研究人员面对面沟通，可谓一举多得、广受好评。活动中对一些文化关键词的探讨也在参与活动的读者心中栽种了新的阅读兴趣，对于推动相关主题的书籍的阅读也大有裨益。

四、示范作用

为在高校推广电影文化做了有益的探索与尝试，值得其他高校借鉴与参考。

五、推广价值

因分享的影片基本都是非院线影片，而这些影片学生平时是无法轻易看到的，再加上与电影人、教授、学者面对面交流的形式，所以举办的每一期活动都座无虚席、广受学生欢迎，极大地弥补了课堂教学的不足。相对于世界读书日或读书节的活动，该活动不受时间的限制，可自主调节，易于周期性长期坚持并形成品牌效应。可以说，本活动对于推动全民立体阅读、拓展全民阅读的广度、发掘全民阅读的深度具有借鉴意义。

古诗词吟唱公开课

黑龙江省图书馆

一、总体思路

最是书香能致远，至乐何如诵好诗。为提升读者朋友的国学修养，满足更加丰富的精神文化需求，提高广大文学爱好者对诗词的欣赏水平，黑龙江省图书馆自 2015 年 7 月以来连续面向社会大众开办三期古诗词吟唱公开课，为弘扬中华优秀传统文化、传承地域文明作出了积极的贡献。

图 4　龙图公开课：国学诵读班结业仪式

二、主要措施

"冬颖老师约你一起唱诗词——古诗词吟唱公开课"特邀黑龙江大学博士生

导师刘冬颖教授全程授课。刘冬颖研读古典诗词二十年，出版《中华传统诗词经典：古代才女诗词》《边塞诗》《〈诗经〉变风变雅考论》等 17 部专著、1 部译著。其作品被译为韩语、俄语，亦有汉字繁体字版，在海内外发行，具有一定影响力。《执子之手——〈诗经〉爱情往事》列入国务院新闻办公厅评审的"中国图书对外推广计划"项目，并荣获"全国百部优秀社科普及著作奖"。刘冬颖将自己团队在古文献中撷取的古乐谱歌诗曲调还原演唱，教授亲子课程，同时讲授古诗词的背景故事与意境理解。

目前，黑龙江省图书馆已经面向社会大众成功开办三期古诗词吟唱公开课：2015 年 7—8 月举办第一期古诗词吟唱公开课，以《诗经》吟唱为主要教学内容；2016 年 7—8 月举办第二期古诗词吟唱公开课，内容以古诗词的基础知识为主线，同时讲授吟诵与吟唱的要领；2017 年 10—12 月举办第三期古诗词吟唱公开课，按照古诗词的发展历史与演变分别讲授经典吟唱作品。同时，在孔子诞辰日、世界诗歌日等纪念日组织公开课学员举办"孔子的音乐观"讲座和"一起唱诗词——世界诗歌日主题活动"，受到媒体的广泛关注和社会公众的追捧。

三、解决的主要问题

中华优秀传统文化正面临网络时代的冲击和观念进化的遗失，对于如何保护与传承《诗经》《楚辞》、唐诗、宋词等经典作品的文字与精神，是图书馆阅读推广一直在思考的问题。图书馆的阅读推广活动一定要基于文献的推广，而古诗词吟唱公开课恰好解决了古典文献学研究的生活化与平民化问题，吟唱的方式让孔子和《诗经》离我们不再遥远，让课堂走向社会，让文化走近大众。

古诗词吟唱公开课迎合公众对于国学的学习需求。面临当下国学热、回归经典阅读的社会现状，黑龙江省图书馆特别邀请到黑龙江省国学名家刘冬颖全程授课。刘冬颖是古典文献学博士生导师，在全国国学研究领域具有较高知名度与影响力，一方面确保国学内容的解读正确、不误导，另一方面具有较高的教学能力与水平。古诗词吟唱公开课还原演唱古乐谱歌诗曲调，以亲子课堂的生动形式，改变了孩子们学国学面临的枯燥乏味的问题，引领公众共赏古典诗词的音韵之美、文字之美、情感之美，让千年前的古典诗词吟唱重现龙图。

古诗词吟唱公开课课程内容在设置上具有公众普及性与亲民性。刘冬颖深入浅出地讲解，并选择以大众喜闻乐见的形式传播传统文化，让古籍中的文字活起来，成为可说、可唱、可传诵的"经典"，让《诗经》行文、儒家思想不再只属于少数学者，而是走向更广阔的大众。

四、示范作用

两年来，古诗词吟唱公开课开展传统文化课程培训 24 课时，直接参与读者2000 余人次，网络间接影响近万人次。其示范作用体现在：其一，阅读推广项目以馆藏文献为基础。古诗词吟唱公开课成为黑龙江省图书馆经典文献阅读推广的主要形式，为阅读推广活动的组织与开展找到了抓手。其灵活的吟唱形式更易被读者接受，使传统文化的传播鲜活而富有生命力。其二，线上与线下相结合，扩大阅读推广活动影响。除课堂上直接培训外，黑龙江省图书馆还对刘冬颖每次授课的内容进行加工整理，并分别在黑龙江省图书馆和风雅弦歌微信平台发布，带动了许多读者参与线上学习与互动。许多学员和读者自行学习后，将自己的吟唱录成音频踊跃投稿，展示了古诗词吟唱公开课的学习与传播成果。

五、推广价值

古诗词吟唱公开课是黑龙江省图书馆精心打造的品牌阅读推广活动项目"龙图公开课"系列之一，其创新意义在于：一方面，强调图书馆阅读推广的文献内容支撑，使图书馆阅读推广有别于社会其他组织，具有文献特征；另一方面，充分利用社会资源，在推广黑龙江省内知名学者的同时，实现现代图书馆的社会职能；最后，古诗词吟唱让中华优秀传统文化走近百姓身边，让古典文献深入群众生活。

视障读者"阳光阅读"项目

苏州市吴江区图书馆

一、总体思路

盲人是一个需要关爱和帮助的特殊群体，让所有的盲人都能享受到阅读的快乐和幸福，这事关社会公平正义和幸福指数，也是推进全民阅读的一项重要内容。吴江区图书馆针对盲人读者的阅读推广工作起步较早，2008年7月开辟了视障阅览室，同年成立了盲人读者俱乐部，自成立以来，坚持每月开展活动，并受到包括中央电视台新闻联播节目等媒体的关注报道。

图5　视障读者"阳光阅读"活动现场

自从2016年起，吴江区图书馆启动视障读者"阳光阅读"项目，尊重盲人的阅读习惯和方式，探索符合盲人阅读需求和阅读取向的阅读形式，推出多方面、多层次、多元化的阅读指导，培训专门针对盲人读者服务的文化志愿者作为"持灯使者"，照亮盲人的阅读世界，使他们感受到自己在阅读权利、知识接受和思想传播上的平等，形成全面、系统、联动的盲人文化服务工作机制。

二、主要措施

2008 年 7 月，吴江区图书馆开辟了视障阅览室，现有盲文书籍 333 册，有声读物近 200 种，盲文期刊 12 种，可同时容纳 30 余位盲人读者阅览，并配备装有"阳光读屏软件"的电脑 4 台。视障读者阅览室软、硬件设施升级，为盲人读者提供轻松、方便的阅读场所。

2008 年国际盲人节，由吴江区残联和吴江区图书馆联合主办的盲人读者俱乐部正式成立，以吴江区图书馆盲人阅览室为主要活动阵地，每月定期举办一次活动，共同策划心理辅导、音乐欣赏、知识讲座、电脑培训、电影解说等活动，倡导多元化阅读形式，吸引越来越多的盲人读者把俱乐部作为他们学习沟通、开拓视野的精神文化家园。2010 年，吴江区图书馆加入全国图书馆信息服务无障碍联盟。2011 年 11 月 12 日，中央电视台新闻联播节目对俱乐部进行了采访报道。2013 年 6 月 22 日，由江苏省委宣传部、省广播电影电视局、省新闻出版局和省全民阅读办开展的"书香江苏环省行"活动走进吴江，记者团专门就盲人读者俱乐部的开展情况展开调研、采访。通过多家媒体的宣传报道，将盲人读者俱乐部的建设经验和成果在更大范围内加以推广。2014 年，吴江区图书馆与吴江区残联进一步加强合作，启动"用声音传递关爱，用悦读呈现精彩"大型系列活动。2015 年，吴江区图书馆盲人读者俱乐部活动入选公益微创投。

2016 年，吴江区图书馆启动视障读者"阳光阅读"项目，在全区招募、培训志愿者，与盲人读者结对，开展心理辅导、音乐欣赏、知识讲座、电脑培训、电影解说等多元化的阅读推广活动，形成"一对一"的结对机制，全面提升阅读服务效能，让阅读之光为盲人点亮心灯。

三、解决的主要问题

（1）从盲人的阅读习惯和方式出发，探索符合盲人阅读需求和阅读取向的阅读形式，提供更切实、更广泛的阅读服务来满足盲人读者的精神文化需求。

（2）强化机关单位、社会团体参与助残服务的力度和深度，以志愿者服务为主要形式，形成全面、系统、联动的盲人文化服务工作机制。

四、示范作用

2011年11月，中央电视台新闻联播节目对盲人俱乐部进行采访报道。2013年6月22日，由江苏省委宣传部、江苏省广播电影电视局、江苏省新闻出版局和江苏省全民阅读办开展的"书香江苏环省行"活动走进吴江，记者团专门就盲人读者俱乐部的开展情况展开调研、采访。俱乐部2014年获评"江苏省十佳全民阅读推广社团"。

五、推广价值

为盲人提供优质阅读，在盲人群体中推进、普及阅读，是一个长期的系统文化工程。在一朝一夕，更在一点一滴。吴江区图书馆的视障读者"阳光阅读"项目，从阅读推广角度出发，满足盲人读者的精神文化需求，践行"普遍均等、惠及全民"的公共文化服务理念。

双语故事妈妈

库尔勒市图书馆

一、总体思路

孩子对故事是百听不厌的，在听故事的过程中，孩子们展开丰富自由的想象，活跃思维，提高语言能力。有趣温馨的绘本故事可以营造良好的阅读氛围，让爸爸妈妈和孩子们共同阅读图书、讲讲绘本中的故事，帮助小朋友们踏上快乐的阅读之旅。库尔勒市图书馆特开展暑期"书香润童心"系列活动——"故事妈妈"

亲子阅读活动。该项目的发起源于一位明眼的孩子给视障妈妈讲故事，项目旨在让家长和孩子们一起分享阅读的快乐，让更多的家庭坚持开展亲子阅读，让"故事妈妈"将亲子阅读理念传播得更远。随着活动的深入，库尔勒市图书馆和志愿者们一起走进社区、乡村、孤儿院和学校。截至目前，共讲了 42 场故事，给孩子们带来阅读的教育和妈妈的陪伴。与此同时，库尔勒市图书馆还推出了公益阅读活动"和库尔勒图书馆一起，为爱阅读 21 天"。家长和孩子需要每天进行亲子阅读，以拍照发送朋友圈的形式记录阅读的美好时刻。旨在传递阅读正能量，让更多的孩子和家庭打开书本，一同享受陪伴的时光，一起感受读书的乐趣！

图 6 "故事妈妈"线下故事会

二、主要措施

"故事妈妈"项目团队由库尔勒市图书馆工作人员普凯群发起，到今天已经发展为几十人，并正式命名为"菩提树志愿团队"。随着活动的深入，首先是馆员自发扮演起"故事妈妈"的角色，随后，读者、社会团体也加入到"故事妈妈"的团队当中。慢慢地我们有了一个读者和馆员相结合的团队，开展的活动包括日常馆内活动——库尔勒图书馆"故事妈妈"故事会、"故事妈妈""七进四送"文化惠民——"故事妈妈"讲故事、寒暑期"书香润童心"——"故事妈妈"讲故事等，目前团队还在发展壮大，随之形成的一系列规章制度和团队结构也将更好地维系这支队伍。

三、解决的主要问题

"故事妈妈"活动的开展，让图书馆的"故事妈妈"雨后春笋般地日益增多，受益的不仅是孩子们——他们慢慢养成了良好的阅读习惯，体验到阅读带来的快乐，而且"故事妈妈"们也深感阅读对于人一生的重要性，他们在给孩子讲故事的同时，也惊喜地发现自己也在成长着。更重要的是，"故事妈妈"项目推动亲子阅读走进更多家庭，让更多家庭找回了许多丢失的时光，也让和谐的亲子关系从陪伴阅读开始。

四、示范作用

该项目启动两年以来，"故事妈妈"已成为库尔勒市图书馆的"代名词"，期间有越来越多的团体、家庭加入"故事妈妈"的行列，近万人得到了"故事妈妈"给予的精神上的关爱。"故事妈妈"公益活动讲述了一个个平凡的感人故事，营造了关爱孩子、关爱社会的浓厚氛围，诠释了库尔勒市图书馆为读者服务的丰富内涵。在库尔勒市文明办、市志愿服务协会启动的第二届"大爱无疆·志愿同行"志愿服务项目大赛中，"故事妈妈"公益活动从121份申报项目书中脱颖而出，成为18个入围项目中的一个，并在终审中获得金奖。随着活动的深入，故事妈妈创立了自己的阅读推广活动品牌，不仅提升了库尔勒市图书馆的知名度和美誉度，还能在读者中形成影响，让他们积极自愿地响应活动。

五、推广价值

爱因斯坦说："阅读是孩子最珍贵的宝藏。"从小养成阅读习惯的人，认知、语言能力都会比较突出，一生受用无穷。阅读可以唤起儿童的创造力、想象力，让思维活泼、多元、有弹性。开展"故事妈妈"活动，能有效地带动家庭的亲子阅读，养成良好的读书习惯，更好地培养孩子们的阅读能力，共同打造全民阅读氛围。

"一个故事 一国文化——各国领事讲故事"系列 I

广州少年儿童图书馆

一、总体思路

1. 配合"一带一路"国家战略，增进多元文化交流融合

中国国家主席习近平在 2013 年 9 月和 10 月分别提出建设"新丝绸之路经济带"和"21 世纪海上丝绸之路"的战略（简称"一带一路"），开创中国全方位对外开放新格局。"国之交在于民相亲，民相亲在于心相通"。文化具有潜移默化、润物无声的重要作用，具有强大的感染力和引导力。跨文化交流是推动文化发展与创新的重要途经。跨文化交流不仅要传播本国的文化，还要吸收不同国家的智慧，共同分享发展经验与先进理念，通过传承与革新，使本国的文化更具有融合力、号召力。在建设"一带一路"进程中，文化先行，才能让各国人民产生共同语言、增强相互信任、加深彼此感情。

2. 引入政要名人当"儿童阅读的点灯人"

从 20 世纪 80 年代开始，发达国家就已将儿童智力发展的重点转移到阅读能力的培养上。总统政要、明星人物等都曾亲自参加过儿童阅读推进工作。美国前第一夫人米歇尔·奥巴马在"全美读书日"为 300 多位小学生声情并茂地讲述《戴高帽子的猫》；国家主席夫人彭丽媛与丹麦女王玛格丽特二世一起朗读了安徒生童话，讲述《丑小鸭》的故事……名人们的阅读推广参与活动均产生了良好的社会影响，带动少儿阅读热潮。

广州少年儿童图书馆以此为切入点，2016 年 8 月开拓了"一个故事 一国文化——各国领事讲故事"系列活动项目，通过邀请沿线各国驻广州领事到少图，与羊城少儿读者分享最具本国特色的优秀童书故事，为小读者们打开瞭望世界的窗口，从小培养国际化视野，同时利用图书馆平台展示广州市的优秀文化设施和服务，促进驻穗领馆对广州公共文化建设的认识，加深对广州的了解，增进多元

文化交流。

二、主要措施

1. 充分发挥市直机关志愿者的桥梁作用

"一个故事 一国文化——各国领事讲故事"系列活动Ⅰ项目由广州市外办志愿支队和广州少年儿童图书馆共同主办。广州少年儿童图书馆是广州市直机关党员开展志愿服务的基地。广州市机关党员志愿服务总队具有整体素质高、队伍稳定、纪律性好、专业技能强、服务质量高、关注儿童成长等特点,服务总队下又延伸出不同支队,彼此支援,配合无间,合作平台不断扩大。"一个故事 一国文化"系列活动通过市外办的大力支持,每次活动前与各国驻穗领馆都进行了良好的沟通,活动中也得到外办的指导和翻译协助,为成功举办活动奠定了坚实的基础。

2. 重视活动前与各国驻穗领事的沟通,充分利用外办把关护航

为保证活动顺利进行,我馆每次均做好创意策划和资料搜集工作,并在活动前与领事会面,充分沟通。外交无小事。在与领事们的沟通过程中,我们一直保持与外办的紧密联系,并将所有活动资料提前进行报备。外办给予必要的指导和把关,保证活动的顺利进行。

图 7　领事分享故事

3. 重视媒体沟通与推广

我馆重视媒体的宣传作用，"领事讲故事"系列阅读活动具有创意和新意，在活动前后都通过各种媒体不同形式的报道，强化了阅读品牌的营造。该系列活动反响热烈，气氛浓厚，得到《羊城晚报》《信息时报》《现代中小学生报》、金羊网、广州电视台、广东电视台、广东南方少儿频道、丝路邮报等媒体的关注和跟踪报道，取得了良好的社会效益，促进了多元文化交流。

4. 重视氛围营造和专题书目 / 书架摆设

我馆在"一个故事 一国文化——各国领事讲故事"系列活动中，每期活动均精心设计营造了包括大背景在内的整体环境氛围，如巴西风情、俄罗斯秋色、澳大利亚袋鼠……极具异国特色，给领事和读者留下了深刻的印象。同时配套专题活动书目。每期领事活动我们都会制作内容丰富的专题书目，并设置专架，通过活动带动主题借阅，让读者感悟阅读的魅力，达致活动促进青少年阅读的宗旨。此两项工作与活动内容遥相呼应，不可或缺。

图 8　各国专题图书推荐

5. 借助外办解决沟通中的语言障碍

各国驻穗领事的中文水平不一，母语不一，会令活动沟通出现障碍。外办在这方面给予了大力支持，在与领事的会面以及活动过程中都会提供翻译志愿者进行协助，同时各馆领馆的秘书也起到了非常好的桥梁作用。活动中，我们更鼓励领事们用本国语言讲述，让读者感受异国他乡的语言风味。

6. 认真审核活动资料

"领事讲故事"系列活动的资料均认真审核，活动正式举办前的资料审核与沟通非常重要，避免政治性因素的掺入。

三、解决的主要问题

1. 成功打造了一个属于广州的国际化少儿阅读活动品牌

"一个故事 一国文化——各国领事讲故事"系列活动为广州少儿读者搭建起多元文化交流平台，提供了展示和交流世界各国文化的契机，促进馆藏利用，拓展少年儿童的阅读视野。该系列活动反响热烈，每场活动均吸引上百名少年儿童参加，七场共计有780人次参加了活动。系列活动增进了广州少儿对不同国家的了解，有效促进了多元文化交流，同时搭建了连通世界文明的桥梁，促进了广州与各异国城市的友好交流。

2. 促进驻穗领馆对广州公共文化建设的认识，加深对广州的了解

各国领事在活动结束后都饶有兴致地参观了广州少年儿童图书馆，让新少图走入领事的视野，让广州优秀的公共文化设施设备和服务给各国外交官留下深刻印象。不少领事带着家人以广少图新读者的身份，借助便利的现代化借书设备，即时借走少图精美的童书。各国领事在活动中向广少图赠送了该国原版童书，非常乐意促进后续广州少年儿童图书馆与各国儿童图书馆的交流合作。不少领事活动后主动牵线新的文化活动，促进了中外交流。

3. 创立志愿服务新模式，提升了公共图书馆阅读活动层次

广少图与机关党员志愿者们的全新合作模式，改变了志愿服务单一内容，充分调动志愿者的专业知识和技能，体现共同策划、借脑发展的思路。活动中广州市外办机关党员志愿服务支队在与领馆外联及协助活动顺利开展、翻译配合方面发挥了重要作用，在广州机关党员志愿者星火服务队活动中彼此支援，共同将志愿合作平台不断扩大。

四、示范作用

（1）利用"名人效应"推广阅读。各国外交官虽不是家喻户晓的人物，但其代表某一国家的特殊身份，非常吸引读者。政要名人讲故事在外国并不新鲜，但在中国还很鲜见，"一个故事 一国文化"系列活动起到了一个很好的示范作用。

（2）活动品牌的创立必须要有创意及其持续性。该活动在创意策划、运作的整体性和连贯性尤其具有示范作用。

（3）充分利用政府志愿者队伍的专业特长与资源能力，提升公共图书馆阅读活动层次。

（4）善于利用本土地域优势，寻找优势资源开展独特的阅读推广项目。

五、推广价值

1. 发挥公共图书馆文化交流的重要作用

"一个故事 一国文化——各国领事讲故事"系列活动，包含了与"一带一路"沿线国家的文化交流互鉴，体现了和平、交流、理解、包容、合作、共赢的精神。在此过程中公共图书馆也承担起文化交流和文化推动的重要角色，同时也提升了公共图书馆的阅读水准和质量。2016年8月至2019年1月，巴西、俄罗斯、澳大利亚、印度、意大利、德国、新西兰、泰国、墨西哥、阿根廷、瑞士、西班牙、加拿大、阿联酋、波兰、荷兰等16国驻广州总领事馆外交官员相继来到广州少年儿童图书馆，为羊城小读者呈献了各具特色的精彩活动。

2. 重视阅读和阅读群体的多元化，令读者感受阅读带来的快乐，培育少儿阅读习惯

16国经典儿童故事汇萃；16国驻广州总领事馆外交官员用本国语言讲故事；16期专题图书推荐，累计推荐各国经典中、英文版图书五千余册；16场主宾国影视作品播放。参与活动读者近三千人次，广东电视台、广州电视台等电视台；信息时报、南方都市报、广州日报等报纸；网易新闻、凤凰网等多家主流媒体报道百余次，各国领事馆也在其官网发布消息。

图9 各国特色礼物展示

3. 传播了广州本土特色文化

活动后领事参观图书馆,饶有兴趣地了解广少图的智能化设备、翻看图书、观摩体验馆内活动;领事带来的家属、孩子也兴致勃勃地借阅图书。各馆领事对这座儿童专属的图书馆惊讶不已,认为又大又漂亮;对少图的服务、借阅量、活动量更是惊叹,参观广少图给他们留下了很深刻的印象。泰国总领事向本国文化部部长建议,希望本国也建立一座这么棒的少儿图书馆。澳大利亚领事说:"这么多好看的图画书,可以借来学中文。"

4. 各国文化交流合作项目接踵而至

意大利领事馆把博洛尼亚插画展及工作坊全国巡回展广州站放在了广少图,让读者有机会近距离欣赏世界顶级原创图书插画,与插画师面对面交流;最新引进版意大利原创绘本《盖亚的书店》的作家、插画家分享会也放在广少图。

5. 到馆读者日趋多元化,外籍读者到馆频繁

项目开展后,广州外籍读者到广州少年儿童图书馆借阅图书、参加活动,学习中国文化逐渐增多。广州英国学校专门组织学生参观广少图,邀约定制服务。2018年泰国外交部友好小使团在总领事的带领下,参观图书馆,体验服务,与少图读者共度"六一",并献唱中文歌曲《茉莉花》。

6. 活动具有可复制性与可衍生性

活动策划的思路、方法、运作模式具有可复制性，可推广应用，可衍生出其他特色活动。

"一书一绘·一世界"苏州工业园区"绘本阅读年"

苏州工业园区独墅湖图书馆

一、总体思路

苏州工业园区独墅湖图书馆整合区域教育资源，集结社会公益组织及业界专家力量，结合图书馆服务资源优势，着力策划 2016 苏州工业园区"绘本阅读年"大型阅读推广项目。绘本年以"选·读·演·画"为主线，筹建苏州工业园区儿童原创绘本馆平台建设（线上、线下），赋予区域儿童阅读推广长久的生命力和公众持久的参与感。

图 10 "选绘本·读绘本"系列活动走进苏州工业园区景城幼儿园

二、主要措施

（一）"选绘本"悦读无限

1. 拓展图书馆服务渠道，读者直接采购绘本

独墅湖图书馆创新服务模式，让家长和小朋友们现场挑选绘本，直接成为绘本图书采购员，所选的新书可以现场直接借走，也可作为图书馆馆藏图书。

2. 探索科技阅读方式，扩大活动覆盖面

除了到图书馆来现场选书、借阅，读者还可以通过手机应用"书香园区"APP检索、借阅绘本，通过物流配送将图书免费投递到读者所居住的社区。

（二）"读绘本"亲子共读

1. 建设品牌，策划多种亲子活动

独墅湖图书馆根据未成年人的特点，定期举行形式多样、丰富多彩的亲子阅读活动，同时充分利用国家法定节假日、传统节日和各种纪念日等，组织开展健康有益、文明向上的文化阅读活动，使未成年人阅读常规化、系列化、规模化、品牌化，营造出更大的社会影响，创造出更多价值。

2. 众筹阅读，建设志愿讲师队伍

独墅湖图书馆通过招募社会志愿者，招募了一批爱心爸爸、爱心妈妈、留学生、外籍友人，他们给孩子们带来丰富多彩的阅读体验，通过丰富亲子阅读参与主体，积极调动社会各界人士参与阅读志愿服务的积极性、主动性和创造性。

（三）"演绘本"故事搬上舞台

1. "演绘本"，创新绘本阅读方式

"苏州工业园区儿童绘本剧大赛"通过舞台剧的演出，将绘本内容以舞台表演的形式呈现。大赛覆盖了园区88%的小学、67%的幼儿园，共收到近100个参赛作品，直接参与编排、演出的老师及学生达到千余人次。

2. "秀最佳"，集聚社会关注

2016年"苏州工业园区儿童绘本剧大赛"还推出了微选单项奖环节（设有"最佳小演员""最佳导演""最佳编剧""最佳舞美"4个单项奖），微信点击及投票

量累计突破 3.5 万次。

（四）"画绘本"开启立体阅读时代

1. 征集原创绘本，激发儿童创造力

"兆润杯"苏州工业园区首届儿童绘本创作大赛，向园区少年儿童征集文学、科普、生活等主题的原创绘本作品，自启动以来便得到了社会各界的广泛关注与鼎力支持，共收到来自园区家庭、幼儿园、小学共计 2100 余幅有效参赛作品。来自儿童心理学、文学创作领域、美术领域、绘本作家领域、童书馆等的评审专家对参赛作品的艺术性、文学性、创意性、想象力等方面给予了高度评价。

2. 筹建原创绘本馆，保留"阅读记忆"

独墅湖图书馆还甄选出本次绘本创作大赛中的优秀作品集结成册，同时筹建园区原创儿童绘本馆，收录儿童表演绘本的图像电子资料，展示原创儿童绘本作品，开设儿童原创绘本作品声音图书馆（每本作品都会有一个识别二维码，扫一扫即可听到原创作者的有声故事），让其成为孩子爱上阅读、展示才华、亲子互动、业界交流的平台。

三、解决的主要问题

（一）激发孩子的阅读兴趣

绘本阅读将平面的、色彩化的绘本故事，通过语言、音乐、舞蹈等戏剧化的形式，变成全方位、立体化的阅读，以此激发孩子对绘本阅读的喜爱，在阅读中激发孩子对于故事、角色的理解，触动他们感悟思考故事的真谛，培养良好的沟通表达能力。

（二）带动园区家庭阅读氛围

活动整体带动了参与家庭和其他观摩家庭的阅读积极性，对推动园区家庭阅读、烘托书香校园氛围起到了积极作用。

（三）促进区域整体绘本创作水平

在项目运行的过程中，专业绘本导师深入活动现场，"一对一"地解决绘本剧编排、绘本故事创作中遇到的各种问题，促进家庭之间、学生之间、教师之间

关于绘本阅读的各项交流，推动区域绘本创作水平的提升。

四、示范作用

独墅湖图书馆开展的"一书一绘·一世界"2016年苏州工业园区"绘本阅读年"活动遵循未成年人认知规律，尊重未成年人主体地位，适应未成年人信息接受渠道的变化，对激发少年儿童的领悟力、想象力和创造力，以及推动园区家庭阅读、书香校园建设均起到了积极作用。苏州工业园区近96%的小学、65%的幼儿园、社会公益机构都积极参与了绘本阅读年的各类策划活动，吸引了近10万人关注。2016年"苏州工业园区儿童绘本剧大赛"吸引了30余家各级媒体进行了报道。2016年"绘本阅读年"还获得了"中国图书馆学会未成年人服务案例一等奖"，并得到了业界的高度认可。

五、推广价值

2016年苏州工业园区"绘本阅读年"以多样的方式引发孩子的阅读兴趣，让绘本阅读成为家庭教育的方式之一，活动从"选·读·演·绘"四个方面多角度、多维度地推动绘本阅读，用各类活动及大赛让孩子们分享绘本阅读的乐趣，提高阅读能力，激发少年儿童的领悟力、想象力和创造力，同时还能培养孩子创作、欣赏、表演的能力，使之成为图书馆以及所有阅读组织鼓励阅读的"捷径"。

"阅读好声音"全城微朗读大赛

上海市杨浦区图书馆

一、总体思路

当今社会，数字阅读已成为"互联网+"时代的潮流与趋势。上海市杨浦区图书馆主动增强文化自觉，认真致力于阅读推广领域的研究，注重思考，积极实践。2014 年，建立在前期深入调研的基础上，以"有声阅读"为切入点，培育"阅读好声音"项目；2015 年和 2016 年连续两年策划开展"阅读好声音"全城微朗读大赛，围绕社会热点和数字图书馆的发展趋势，引导市民充分利用智能终端开展"微朗读"，展示和使用数字图书馆推广工程的成果，将基于新媒体的公共文化服务方式普及到更加广泛和纵深的领域。

图 11　"阅读好声音"全城微朗读大赛颁奖仪式

二、主要措施

"阅读好声音"全城微朗读大赛以上海市 16 个区的公共图书馆作为区县通道、喜马拉雅 FM 网络电台作为社会通道，共同发动全民阅读能量引擎，引导市民充分利用"碎片化"时间，朗读自己喜爱的好书片段，并分享阅读感受和推荐理由。通过移动终端录制"微朗读"音频后，朗读者随时随地将自己的"阅读好声音"上传至喜马拉雅 FM，市民读者即可通过智能手机、平板电脑、可穿戴设备等进行聆听、分享和传播。在为阅读爱好者提供发声平台的同时，唤起了广大市民的阅读热情。

项目的主要实施者除图书馆员以外，还聘请多位上海市朗诵协会和世纪出版集团的骨干作为专家团和评审团，从而保证项目具有较强的专业性。特邀世纪出版集团编辑团队编写《中外文学作品推荐书目》，凸显"阅读好声音"项目阅读推广的本质和内涵。同时，邀请上海市朗诵协会和上海市语言文字工作者协会专家以线下培训和线上直播两种途径开展各阶段培训，为参赛市民普及朗诵知识。

三、解决的主要问题

有声阅读解放了人们的双手和双眼，让人们能够充分利用"碎片化"时间，在用耳朵享受声音的同时，可以更为轻松地收获文字所传递的知识和信息，大大降低了阅读的门槛，成为传统阅读的有益补充。

目前，全国音频市场用户已经过亿。上海互联网音频产业的发展一直走在全国前列，在有声阅读领域产生了如喜马拉雅 FM、蜻蜓 FM 等在全国领先的骨干企业。与互联网产业合作,把优秀音频资源引入公共文化服务平台,在"互联网＋"的时代里，在让公共图书馆数字资源吸引更多公众的同时，还通过音频资源为视障读者、学龄前儿童等特殊群体提供导读服务。

四、示范作用

2016 年的大赛设立了家庭组、少儿组、成人组等多个组别，鼓励多样化的读者群体参赛，在注重专业性的同时兼顾了普及性。参赛的选手从 5 岁的孩童到白发苍苍的老人，既有其乐融融的祖孙两代，又有温馨和谐的一家三口。推荐的书目包含经典诗词、散文随笔、童话故事等多种体裁。无论是参与的对象还是活动的内容,都充分展现了全民阅读的活力。大赛参与对象覆盖上海市的各行各业、各个年龄层，参赛逾万人次。两届大赛历经海选、晋级赛、培训、决赛、展演等阶段，共产生了 200 名"阅读好声音"和 200 本市民喜爱的好书。

2016 最具人气"阅读好声音"家庭的妈妈鲁君虽是一名视障患者，但她每天坚持"阅读"，手机和电脑都安装了读屏软件，在家用电脑"看"书，平时在地铁上、路上也会"看"手机，她如今还在网站担任音频编辑，为老人念国文，为视障人士读电影，分享身边的新鲜事，"用声音做公益"，而参加"阅读好声音"全城微朗读大赛，也正是通过音频资源为视障读者等特殊群体提供文化共享服务。

五、推广价值

此项目获得了社会各界对于"微朗读"的关注和参与度。上海观察、上海热线、腾讯·大申网、上视新闻频道、上海故事广播等主流媒体对大赛进行了专题报道，并借助区内各类媒体的系列报道和大赛展演的网络直播，确保了公众知晓度。在上海图书馆主办的第三届图书馆微服务经验交流会上进行了案例分享；荣获2015年上海市公共文化建设创新项目和2016年上海市民文化节优秀项目，项目总策划人荣获"2016年上海市民文化节优秀阅读指导员"称号。

该项目扩大了数字图书馆工程在社会的影响力。通过对丰富的音频资源进行整合梳理，成功申报"上海音色"2015—2016年度全国文化信息资源共享工程地方资源建设项目，力争建成国内有影响的、广受群众欢迎的音频多媒体资源库。同时，凸显上海在新媒体传播领域的特色，丰富数字图书馆工程的音频资源，探索数字图书馆工程在移动服务、新媒体服务方面的创新点，对专业研究、市民大众都有良好的社会效益。

该项目激发了广大市民读者的阅读热情，吸引了一批社会组织慕名而来，尤其得到了各级政府的重视与支持。2017年，该项目成功升级为上海市民文化节五大市级赛事之一。大赛在2016年的基础上新增了团队组，同时联动上海市优秀阅读推广组织和上海财经大学图书馆、上海理工大学图书馆、上海电力学院图书馆等多家高校图书馆，共同发动社会各界读书会、学校社团组织等群体参与到大赛中来，将在数字图书馆迅速发展的当下，掀起新一轮的"全民阅读热"。

附录二　2016 年阅读推广课题成果选介

高校图书馆科普阅读推广创新模式研究

中国地质大学（武汉）图书馆　朱蕾

一、科普阅读推广的定义和特点

科普阅读推广，即社会组织或个人为促进人们阅读科普读物而开展的相关活动。相较于其他的阅读推广，科普阅读推广强调的重点在"科普"二字。科普阅读推广的特点主要体现在：① 科普阅读推广的是科普读物；② 科普阅读推广是科普工作的一部分；③ 科普阅读推广通过各种形式的活动，最终目的是为了提高全民的科学文化素质。

二、科普阅读推广实施理论

其一，科普读物的选择途径主要包括：①有影响力的科普图书奖获奖图书；②各大知名图书销售机构或读书网站的排名；③权威机构或知名专家学者的推荐；④经过图书馆员或专家挑选和审核的原创征集作品、电子资源或网络资源等。其二，活动形式。一方面，传统形式必不可少，例如设置专门的科普阅览室或图书专架，定期或不定期发布推荐书目、建立书评体系、组织书展等；另一方面，还可以采用讲座、征文、竞赛、游戏等形式；除此以外，还可以与创客空间相结合。其三，科普阅读推广人的培育，建议发动高校的学生承担"科普阅读推广人"的责任。首先，高校学生必然具备专业学科背景。其次，高校的科普活动已是传统，每个高校几乎都有大学生或研究生科学技术协会，至少在每年的全国科普日都会开展一系列的活动，而活动的形式和方法有些也是阅读推广活动中会采用的，所以完全具备阅读推广人所需要的组织策划能力和沟通能力。再次，作为高校的学生，通过十几年的学习，其阅读能力毋庸置疑，唯一欠缺的只是阅读推广能力和获取推广阅读素材的能力，而这两种能力通过图书馆组织的系统培训便可以建立。

三、科普阅读推广模式创新与实践——以中国地质大学（武汉）为例

中国地质大学（武汉）将科普阅读推广等工作融入部门和学院工作，把教学、科研与科普工作相结合，把科普工作融入学校发展，其实施形式可包括：① 通过特色品牌栏目进行科普阅读推广，如自创品牌栏目"发现地学之美"系列讲座、依托本校资源学院的"寻找李四光·卓越地质师培育工程"项目开展的科普阅读推广活动；② 通过特殊节日进行科普阅读推广，如"世界地球日暨世界读书日"地学科普图书推荐展；③ 通过特定名人进行科普阅读推广，例如优势学科的资深学者；④ 通过特别联合进行科普阅读推广，如由中共武汉市委宣传部、市文明办、市园林和林业局联合主办，黄鹤楼公园和中国地质大学（武汉）图书馆承办的"百万大学生看武汉之黄鹤楼文化进高校"活动。⑤ 学校高度重视科普工作，勇于体制机制创新，学校成立了中国地质大学（武汉）地球科学科普研究与创作中心，创作和出版地球科学科普书籍，结合野外实习基地，编写野外科普旅游教材。⑥ 利用学校三大野外实习基地（周口店、北戴河、三峡秭归）和博物馆开展地球科学科普教育，推出"地二代"高中生地学科普夏令营等活动。⑦ 举办中国地质大学科普作品创作大赛。

公共图书馆新媒体阅读推广因素的分析和研究

山东省图书馆　雷辉

在新媒体阅读推广的大框架下，课题组选取了公共图书馆传统文化阅读推广

的微信途径这一视角对课题内容进行分析研究，形成研究成果《基于微信的公共图书馆传统文化阅读推广影响因素研究——以尼山书院微信公众平台为例》，其内容分为以下四个部分。

第一部分，阐述山东省图书馆尼山书院独辟蹊径以"图书馆＋书院"模式普及传统文化，及其利用微信公众平台开展传统文化阅读推广的现实意义。

第二部分，介绍本课题的研究案例——尼山书院微信公众平台自认证两年半以来的运行现状，包括总体关注人数、自定义菜单服务功能、群发图文消息功能、回复功能等各方面运营传播情况。

第三部分，在考察尼山书院微信公众平台运行现状得失的基础上，采集了该公众平台平稳运行一年（2016年6月1日—2017年5月31日）期间的运营传播数据，并采用SPSS软件以定性与定量相结合的方法综合分析。通过数据研究发现，影响传统文化阅读推广传播效果的主要因素可归结为文章主题、文章来源、标题字数和推送时间四个方面。

第四部分，针对上述三方面主要因素研究提出了公共图书馆进一步推进传统文化阅读推广的策略，包括加强文章主题的选择、注重原创推文的呈现形式、合理安排推送时机、合理控制标题长度、加强互动功能、深化与传统文化传承机构尤其是新媒体机构的合作等措施。借助微信这一连接人与人、人与服务的新媒体，有的放矢地放大其积极影响因素，将使传统文化的阅读推广起到事半功倍的效果。

国内阅读推广研究的知识图谱分析

华南理工大学图书馆　李娜

本研究对2006—2016年国内阅读推广研究的文献进行梳理与统计，利用知识图谱进行深度挖掘，揭示阅读推广领域的研究热点、发展脉络、主题内涵及其研究不足和思考，以期客观地展示阅读推广的发展现状，为今后的理论与实践研究提供参考。

一、总体概况

文献时间分布。通过分析某一学科或主题的研究成果在一段时期内的数量变化关系，可以了解该学科领域的发展特点和基本规律。通过对阅读推广研究文献数量的统计分析，得出其时间分布状况。

高产作者。根据普赖斯定律，核心作者的计算公式为：$N=0.749 \times \sqrt{n_{max}}$，其中 n_{max} 代表了最高产作者的论文数量，N 代表了核心作者发文数量的临界值，即发文数量大于 N 的作者为核心作者。

核心机构。为了找出阅读推广研究的核心学术机构，本研究统计了阅读推广领域发文量排名前 20 的研究机构。

二、研究热点

关键词是对文献内容的归纳概括，代表着文献的精髓，通过对关键词的统计分析可认识和把握学科的内在结构，同时还可以提炼出该学科领域的研究热点和研究趋势。借助 CiteSpace 软件进行共词分析。首先，统计出高频关键词列表；其次，节点类型选择"Keyword"；最后，绘制出高频关键词共现图谱。根据知识图谱从三个方面对 2006—2016 年国内阅读推广的研究热点进行简单描述：

在阅读推广主体方面，"图书馆""公共图书馆""高校图书馆""大学图书馆""少儿图书馆""中学图书馆""中国图书馆学会"与"阅读推广"主题关系密切，说明现阶段阅读推广的实施主体主要是各类图书馆。

在阅读推广对象方面，主要的关键词有"大学生""少年儿童""青少年""未成年人""儿童阅读""少儿阅读""亲子阅读"等。可见大学生、儿童/少儿、青少年/未成年人是研究者重点关注的三大目标群。

在阅读推广载体方面，主要的关键词有"经典阅读""数字阅读""移动阅读""微阅读""立体阅读""新媒体"等。

三、演化路径

不同时代背景会孕育出不同的研究热点，研究热点的变化可清晰描绘出阅读推广研究的演化路径。在 CiteSpace 高频关键词共现网络分析时，点击"Timezone"转换成时间脉络图谱，高频关键词被投射到以时间为横轴的坐标系中，可以直观地映射出 2006—2016 年国内阅读推广研究路径和发展趋势。国内阅读推广研究阶段性特征具体分为三个时期：萌芽期（2006—2008 年）、探索期（2009—2012年）和快速发展期（2013—2016 年）。

四、研究主题

借助 CiteSpace 工具，节点类型选择"Keyword"，网络裁剪使用"MST"，运行软件后，点击"Find Clusters"，生成阅读推广关键词共词网络的聚类图谱。同时结合笔者对阅读推广研究文献的阅读和梳理，以及对当前热点话题的分析，将 2006—2016 年国内阅读推广研究主题大致归纳为 8 个方面：阅读立法、真人图书馆、经典阅读、大学生阅读、数字阅读、儿童和青少年阅读、阅读疗法和阅读推广人。分别对 8 个主题进行了详尽解析。

经典阅读推广理论与方法流派研究

上海交通大学图书馆　　陈幼华

经典阅读推广理论与方法流派研究在流派梳理的基础上，系统研究社会经典阅读推广的状况，呈现经典阅读推广全维图景。从理论层面来看，本课题对于经典阅读推广领域是一个基础性的、亟需研究的主题，具有重要的理论研究意义。从实践层面看，课题通过全面的实证调研来呈现整体的社会经典阅读推广状况，同时对未来的发展趋势作出判断，因此对于实践领域具有重要的参考价值。

本研究成果的主要内容、重要观点及主要对策为：

概述了阅读推广的整体研究状况和阅读推广研究范式相关研究；将当前阅读推广研究归纳为 6 种范式：文史范式、图书馆学范式、阅读行为学范式、传播营销学范式、法理研究范式、阅读疗法范式；剖析了每一范式流派的代表学者、研究主题、研究方法、主要观点等特征元素；总结了这些范式在阅读推广研究领域中的地位，展望了值得深入研究的主题与方向。

总结了阅读推广实践与理论研究现状；分析了已有阅读推广定义的类型与特征；从界定原则、要素范畴、特征分析的角度，给出了阅读推广及图书馆阅读推广的概念。阅读推广，指在传承文化、提升素质的时代要求之下，组织或个人开展的能起到培育社会对于有价值的多元媒介作品的阅读兴趣与习惯、提升阅读技能与效果、增进社会阅读数量与质量作用的阅读推广空间营造、阅读推广平台创建、多元阅读引导活动举办的实践。图书馆阅读推广，指图书馆以文化传承和素质提升为宗旨，以推进社会阅读意愿、行为与水平为目标，以具备特定价值、尤其是具备独特思想文化价值的多元媒介作品为推广客体，而开展的阅读推广空间与平台创建、多元阅读引导活动举办的服务实践。

从"立德树人"框架对于高校新生教育融合创新的要求，及高校图书馆阅读推广、新生教育的现实困境出发，分析高校新生教育模式的创新背景；介绍了国外盛行的综合性新生教育计划的特点，提出适应国内需求的高校新生教育融合设计思想；以上海交通大学"交圕·安泰书道计划"的设计与实践为例，探讨了新形势下实施新型新生教育模式的必要性与成效。

揭示阅读推广基础理论研究进展与重点研究问题；考察阅读推广总体研究现状及主题分布，揭示基础理论问题在总体研究中的状况；梳理总结基础理论涉及的概念界定、体系类型、相关学科等问题的研究进展；社会阅读推广体系之构成及其相互关系、阅读推广的概念范畴、学科定位与理论模型，是阅读推广基础理论领域有待进一步深入研究的问题。

本研究成果对阅读推广概念、研究范式等基础理论问题，以及实践创新方面进行了研究，这些都是阅读推广领域最为紧迫的需要研究的主题，具有理论与现实参考价值。

聆听的魅力——有声读物资源推广活动及分析

东莞图书馆　银晶

研究成果的主要内容：① 本项课题收集并优选了国内外推广有声读物实践案例、实践服务数据，可供应用参考。② 课题研究分析找寻出了可以被国内图书馆借鉴的有实践意义的推广方式，同时提出了切实可行的实施模式。图书馆业内可直接采用项目课题提出的推广方式，组织当地开展有声读物推广活动，拓展了有声阅读推广的思路和手段，创新了有声阅读推广的方式。具体成果如下。

一、学术界对于有声读物推广的综述

以"有声读物、听书、有声书"为关键词，在中国知网（CNKI）期刊及博硕士论文数据、百度和谷歌搜索引擎中检索后发现，学术界研究该主题的相关文献仅有33篇，且以介绍国外行业情况、对图书馆开展有声读物服务提出各种构想、建议为多，推广活动介绍基本没有。

二、国外有声读物资源供应商为图书馆开展的服务及分析

优选了 OverDrive 平台、Hoopla 需求驱动采购、融合车载系统方式、纽约公共图书馆一体化的有声书平台等国外有声读物资源提供商对图书馆开展的有声读物（音频）推广模式，并分析了项目模式、服务数据。

三、国内创意推广项目及分析

优选了利用阿基米德 FM 平台打造上图读者社区、"我听我读—— 2017 年全国少儿读者朗诵大赛"馆企合作创新有声读物服务新模式、喜马拉雅为全民朗读提供平台、华润怡宝的百所图书馆计划，创新开启"你听我就捐"的"互联网 +"虚拟募书概念等项目，分析项目模式、服务数据及推广利弊。

四、推广方式的归纳与分析

汇总了国外有声读物资源商除了给图书馆提供服务之外的营销方式，并分析其可资借鉴的方法，即：有声读物资源企业，无论是自有平台，或是需求驱动采购、融合车载系统，还是公共图书馆研发的一体化数字聆听及阅读平台，有以下两点可资借鉴。

第一，强大的技术是关键。先进技术打造出来的有声读物产品/服务为读者带来的是需求满足、功能实用、情感愉悦的体验，这些产品/平台不需要用户思考，不需要花费时间研究操作界面，自然而然触手可用。

第二，合作中，让专业的人做专业的事。没有谁会比作者更了解作品的内容，没有谁会比出版社更熟悉有声读物产品特色、制作背景、内容类别等，为作者、出版社推广自己的产品提供受众较为集中的平台，注重与读者的社交互动，做好支持服务，再根据有声读物产品的反馈进行采购决策。将相关的人和机构聚合在一起，鼓励他们发挥各自所长，这样的有声读物推广效果不言而喻。

在归纳总结国内创意项目的经验基础上，分析了如下推广利弊。

借力大型听读社交互动平台开展推广活动。其优势在于，品牌社交平台受众面广、技术力量强、服务有保障、易于参与等。其劣势在于，受制于对方，不能进行个性化定制，需要按照提供的统一平台开展，无明显特色；品牌社交互动平台毕竟是企业行为，追求利益最大化，而图书馆进行阅读推广却是公益行为，存在天然分歧。

与有声读物公司合作开展推广活动。其优势在于，图书馆可以有更大的自主性，双方目标一致性高，读者受益。其劣势在于，活动合作开展需要双方共同努力，而不是偏重于某一方，对活动策划、管理、执行，即活动品质提出较高要求。单纯由企业推广开展，限于理念认识程度、成本、管理等因素，活动品质参差不齐，一旦出现劣质活动，消耗的是广大读者对图书馆品牌的信任度，不利于图书馆社会价值的提升。

品牌企业开展有声图书馆公益营销活动。其优势在于，企业自身强大的资金支持、人力资源、人脉资源、宣传推广等资源可加以利用，还可与其他企业或机构联合开展，推广效果令人满意。其劣势在于，到目前为止，还没有选择图书馆参与合作。

五、有声读物推广的几点建议

图书馆有声读物推广可以从技术、宣传、合作三方面入手。

用先进技术实现新颖的聆听体验，如扫描二维码听书；有声读物终端设备体验，如听阅手机电脑双用 U 盘即插即用、t520 评书机等。

宣传发布可采用 1+n 模式。一段有声读物的宣传文案，可通过 n 种渠道、n 种方式来宣传。反过来 n+1 模式，在图书馆阅读推广的 n 类活动、宣传中都可以增加有声读物的内容。

合作：找准定位，认清自我价值，积极开展社会公益合作。

六、对于有声读物推广的思考

第一是推广中的合作问题。如何能更好地展现图书馆的行业价值，而不是仅停留在提供平台、良好的公益品牌形象、忠实读者群及图书馆空间、服务等。

第二是当知识付费已经逐渐进入人们的意识形态中时，图书馆是否有参与的机会？用户在有声读物各种消费平台上只需填写图书馆读者证即是免费使用部分或全部资源？

图书馆阅读推广体系拓展与内涵深化研究

沈阳师范大学　　王宇

鉴于高校图书馆阅读推广工作的深入发展，结合沈阳师范大学图书馆的工作实践，创立《创新视域下的图书馆阅读推广设计与实践》专题进行探索研究，专题包括 6 篇论文，分别从不同角度、以不同方式对阅读推广工作进行总结与交流。

（1）《图书馆"阅读推广人"模式的实践探索》，基于阅读推广人概念、人员构成现状的分析，介绍了图书馆阅读推广人方案的实施过程和效果，提出阅读推广人活动发展思考。阅读推广人以其发挥的推动作用，成为全民阅读工程派生的文明使者，是阅读推广建设中重要的人才保障，其由业余兼职走向崭新的专门职业已成为可能。

（2）《经典阅读：图书馆阅读推广的永恒主题》，分析经典的含义和阅读推广意义，介绍沈阳师范大学图书馆开展的"向忱讲坛"和"经典十日谈"等经典阅读推广活动。高校图书馆必须不遗余力地让经典魅力不再消褪，文章提出以指导阅读为纽带的经典阅读推广方法和路径，用以推动经典阅读工作走向深入繁荣。经过各部门、各机构的通力合作，让中华民族的古老文明、灿烂文化、辉煌历史、精深智慧、世世代代的阅读体验得到继承和发扬。

（3）《游学阅读：图书馆体验式阅读模式再造》，从活动方案、活动流程、激励措施、活动成效等方面详细介绍沈阳师范大学图书馆首期"I-Share 暑期阅读游学"活动，以期为阅读推广提供一种全新的思维和实践模式。提出"阅读游学"这个立体、互动的阅读推广方式，是有效的假期阅读推广手段，是体验式阅读推广的新模式，值得广泛推广。

（4）《图书馆"微媒体阅读推广"实践与探索》，梳理了微媒体阅读推广的相关概念、特征和构成要素，结合高校图书馆的实践与调研，探讨高校图书馆微媒体阅读推广的可持续发展策略。微媒体阅读是数字化阅读推广的核心，借助微媒体平台，探索微媒体阅读推广方案，打造阅读推广微空间，开启图书馆阅读推广的微时代。

（5）《高校图书馆培养型阅读推广研究与践行》，培养型阅读推广已成为高校图书馆开展阅读推广最重要的核心工作。该文以沈阳师范大学"培养型阅读"推广实践为范例，详细分析了"培养型阅读"理念的形成、开展方式及存在的问题。"培养型阅读"是图书馆阅读推广的责任与使命，也是图书馆不可推卸的义务和永恒的主题。广泛开展培养型阅读推广活动，是目前阅读推广活动的核心目标之一，是重新找到了高校图书馆在当今时代的意义和定位。

（6）《立体阅读：多元融合阅读推广新模式探析》，立体阅读是在阅读推广模式中，协作机制最强、活动手段最全面、开发资源最广泛、活动效果最佳的重要推广模式。该文在分析立体阅读涵义的基础上，介绍沈阳师范大学图书馆近年开展立体阅读活动的做法与体会。立体阅读是最富创造性、最有成效的阅读推广方式，它构建了一个有机阅读的生态网，理应被高校图书馆所采用和延伸发展。

阅读推广的文化社会学研究

绥化学院图书馆　郎玉林

一、对阅读推广内在机制理论研究

（1）主体自觉：全民阅读的内在动力。布迪厄强调实践理论要同时考虑外在性的内在化和内在性的外在化的双重过程。阅读是主体的一种文化自觉行为。主体自觉体现的是主体身心领悟和价值追求，进而形成对文化阅读持续的、发展的张力。

（2）营造良好的阅读场域：全民阅读的外在条件。布迪厄认为，场域是社会小世界，场域是相对独立的社会空间。当我们进入图书馆文化场域时，就会自然感受到该场域的文化氛围，由此促使我们产生读书求知的欲望。全民阅读发展不应缺失对阅读场域的系统研究，科学地认识全民阅读场域发展规律，会更为合理地营造适宜其发展的条件。

（3）协调文化资本配置：全民阅读的底线保障。全民阅读的核心内容是文化阅读，每个主体所拥有的文化数量和质量并不相同，部分主体甚至从出生就会形成文化差异，经济状况优越、文化氛围浓郁的家庭，所拥有文化优势自然相对较高，这部分主体的文化积累具有先天的优势，反之则自然而然地处于文化劣势。

二、图书馆实施有效阅读推广

全民阅读是主体文化行为的社会现象。围绕其发展思考有三个方面。

（1）关于主体自身动力的思考。只有主体意愿的、自主的文化阅读才是全民阅读形成的主观基础。探寻图书馆对于主体文化自觉的方法。

（2）关于外在阅读环境的思考。外在积极的场域环境可以激发主体阅读，进而促进全民阅读发展。探寻图书馆对于阅读场域的措施。

（3）关于阅读资本保障的思考。文化资本是主体阅读的对象，文化资本的整体配置和保障，是阅读发展的客观基础。探寻图书馆对于文化资本的努力。

在我国，近年来，不少学者对阅读推广问题进行了多角度研究，图书馆同仁是主要的生力军，形成了许多有价值的研究成果，对进一步研究阅读推广有着重要的指导和借鉴作用。但是，从阅读推广研究角度看，以往的研究多数局限于活动介绍、具体案例描述，而且较大比例在高校、经济发达区域，能够真正引起图书馆界共鸣的成果却很少。从阅读推广理论层次看，研究偏重于图书馆阅读推广内涵及类型问题等方面，对阅读推广实质有一定认识，但是对阅读推广本质把握得还不够到位，有盲人摸象之疑。因为，虽然全民阅读核心在于阅读，但其根源在于主体阅读，在于主体对文化自觉、文化责任以及文化价值的理解和愿景。布迪厄认为，实践理论研究的任务就是揭示在不同的社会实践中那些掩藏最深的社会结构，同时揭示那些确保这些社会结构得以再生产或转化的"机制"和"逻辑"。运用他的思想来阐释全民阅读实践发展，对于我们进一步理性审视全民阅读发展以及自我职责定位都具有重要意义。

2017 年 "全民阅读示范基地" 复核合格名单

安徽省图书馆	鞍山市图书馆
包头轻工职业技术学院图书馆	包头医学院图书馆
北海市图书馆	北华大学图书馆
北京大学图书馆	
北京建筑大学图书馆（原北京建筑工程学院图书馆）	
北京交通大学图书馆	北京科技大学图书馆
北京农学院图书馆	北京师范大学图书馆
北京市朝阳区图书馆	
北京市东城区第一图书馆（原北京市东城区图书馆）	
北京市怀柔区图书馆	北京市平谷区图书馆
北京市西城区青少年儿童图书馆	
北京市西城区图书馆	北京邮电大学图书馆
本溪市图书馆	沧州市图书馆
常熟市图书馆	长春图书馆
长沙市图书馆	郴州市图书馆
成都图书馆	重庆市北碚图书馆
重庆图书馆	邓小平图书馆
电子科技大学图书馆	东北师范大学图书馆
东莞图书馆	东南大学图书馆
敦化市图书馆	佛山市禅城区图书馆
佛山市图书馆	福建省图书馆
福建师范大学图书馆	福州大学图书馆
抚顺市图书馆	抚州市图书馆
甘肃省图书馆	张掖市甘州区图书馆

公安县图书馆　　　　　　　　　北海市少年儿童图书馆

河池市民族图书馆　　　　　　　广西科技大学图书馆

广西壮族自治区图书馆　　　　　广州市越秀区图书馆

贵阳市乌当区图书馆　　　　　　贵州民族大学图书馆

桂林图书馆　　　　　　　　　　哈尔滨市南岗区图书馆

哈尔滨市图书馆　　　　　　　　哈尔滨市香坊区图书馆

海城市图书馆　　　　　　　　　杭州图书馆

合肥市少年儿童图书馆　　　　　合肥市图书馆

河北省图书馆　　　　　　　　　河南大学图书馆

河南省少年儿童图书馆　　　　　河西学院图书馆

黑龙江省图书馆　　　　　　　　湖北大学图书馆

湖北省图书馆　　　　　　　　　湖南大学图书馆

湖南省少年儿童图书馆　　　　　湖南师范大学图书馆

湖南图书馆　　　　　　　　　　华中师范大学图书馆

淮北师范大学图书馆　　　　　　淮南师范学院图书馆

黄淮学院图书馆

吉林省图书馆（吉林省少年儿童图书馆）

即墨市图书馆　　　　　　　　　济南市图书馆

济宁市图书馆　　　　　　　　　嘉兴市图书馆

嘉峪关市图书馆　　　　　　　　盐城市图书馆

太仓市图书馆　　　　　　　　　张家港市图书馆

靖安县图书馆　　　　　　　　　江西省图书馆

江西师范大学图书馆　　　　　　江阴市图书馆

金陵图书馆　　　　　　　　　　晋江市图书馆

荆门市图书馆　　　　　　　　　荆州市图书馆

景德镇市图书馆　　　　　　　　开封市图书馆

库尔勒市图书馆　　　　　　　　昆明市图书馆

昆山市图书馆　　　　　　　　　兰州大学图书馆

兰州市图书馆	廊坊市图书馆
乐山师范学院图书馆	临沂市图书馆
柳州市图书馆	泸州市图书馆
马鞍山市图书馆	眉山市图书馆
弥勒市图书馆	牡丹江市图书馆
南京工业大学图书馆	南京师范大学图书馆
南京市溧水区儿童图书馆	南京图书馆
南京邮电大学图书馆	南宁市少年儿童图书馆
南宁市图书馆	南阳师范学院图书馆
内蒙古科技大学图书馆	扎鲁特旗图书馆
宁波市图书馆	宁波市鄞州区图书馆
攀枝花市图书馆	萍乡市图书馆
秦皇岛图书馆	青岛市图书馆
青海省图书馆	青州市图书馆
清华大学图书馆	清徐县图书馆
衢州市图书馆	曲阜市图书馆
曲靖市图书馆	三明学院图书馆
三亚市图书馆	厦门市图书馆
山东省图书馆	吕梁市图书馆
山西省图书馆	陕西省图书馆
上海浦东图书馆	
绍兴市柯桥区图书馆（原绍兴县图书馆）	
绍兴图书馆	深圳市龙岗区图书馆
深圳市罗湖区图书馆	
深圳市盐田区图书馆沙头角分馆	
深圳图书馆	沈阳师范大学图书馆
十堰市图书馆	石家庄市图书馆
首都图书馆	四川大学图书馆

苏州独墅湖图书馆

苏州市吴江区图书馆（原吴江市图书馆）

苏州图书馆   绥芬河市图书馆

台州市图书馆   太原市图书馆

泰安市图书馆   唐山市丰南区图书馆

天津市和平区少年儿童图书馆

天津市和平区图书馆   天津市少年儿童图书馆

威海市图书馆   潍坊市图书馆

温州市少年儿童图书馆   温州市图书馆

无锡市图书馆   武汉大学图书馆

武汉纺织大学图书馆   武汉理工大学图书馆

武汉市少年儿童图书馆   武汉图书馆

西安电子科技大学图书馆   西南交通大学图书馆

西宁市大通回族土族自治县图书馆

新疆维吾尔自治区图书馆   新兴县图书馆

延安市图书馆   延吉市少年儿童图书馆

宜昌市图书馆   营口市图书馆

玉林市图书馆   云南省图书馆

玉溪市图书馆   肇庆市图书馆

浙江师范大学图书馆   浙江图书馆

镇江市图书馆   郑州大学图书馆

郑州升达经贸管理学院图书馆

中共上海市委党校（上海行政学院）图书馆

中国科学院武汉文献情报中心

中国人民大学图书馆   中南大学图书馆

中山市中山图书馆   中原工学院图书馆

株洲市图书馆   淄博市图书馆

附录四　2016 年阅读推广优秀项目名单

项目名称	单位	项目负责人
珠城书友会	北海市图书馆	李道海
发现好电影——织网式阅读推广	北京大学图书馆	别立谦
见微知著《读书天》——北科人的原创荐书专栏	北京科技大学图书馆	张涛
北京牛街大众读书会	北京市西城区第二图书馆	李金龙
遇书房·经典阅览室	沧州市图书馆	宋兆凯
"阅读助成长，经典伴童年" 红山地区少儿阅读推广活动	赤峰市红山区民族少年 儿童图书馆	蒙卫东
"悦读·在路上"系列活动	东莞图书馆	莫启仪
扫码看书 全城共读	东莞图书馆	奚惠娟
智慧图书馆——24 小时读书驿站	佛山市南海区图书馆	陈渊
"悦读小达人，读书夺宝"全民阅读推广活动	广汉市图书馆	钟旃
"网'罗'书香·指尖上的图书馆"	广西壮族自治区图书馆	韦江
"一个故事 一国文化"——各国领事讲故事系列 1	广州少年儿童图书馆	吴翠红
古诗词吟唱公开课	黑龙江省图书馆	刘冬颖
长江读书节	湖北省图书馆	贺定安
追梦育人 湘阅一生——湖南图书馆分龄分众阅读 推广服务的创新举措	湖南图书馆	姜进
书香泉城·全民阅读节	济南市图书馆	郭秀海
蛟湖书声	江西财经大学图书馆	邹传教
金陵图书馆"朗读者"盲人剧场	金陵图书馆	杨长进

项目名称	单位	项目负责人
双语故事妈妈	库尔勒市图书馆	任春梅
小书虫俱乐部	昆山市图书馆	金磊
创建智慧书屋 引领全民阅读	南通开放大学图书馆	林梅
全民阅读直通车	青州市图书馆	张庆刚
常怀读书心，做文明阅读人——厦门市图书馆"文明阅读"剧场系列活动	厦门市图书馆	付虹
尼山书院国学公开课——孟子公开课	山东省图书馆	李西宁
阅读好声音全城微朗读大赛	上海市杨浦区图书馆	潘立敏
"南书房家庭经典阅读书目"推荐及推广	深圳图书馆	张岩
品味书香 享阅读之乐——共读半小时全城阅读活动	深圳图书情报学会等 14 家单位	张岩
第六届北京换书大集	首都图书馆	王海茹
"一书一绘·一世界"苏州工业园区"绘本阅读年"	苏州工业园区独墅湖图书馆	李春梅
视障读者"阳光阅读"项目	苏州市吴江区图书馆	杨阳
网借平台	苏州图书馆	汪建满
打造主题特色分馆	苏州图书馆	金德政
"童萌会"小书坊	台州市图书馆	王军飞
真人图书馆	太原市图书馆	郭欣平
"雪精灵"快乐寒假读书活动	铁力市图书馆	吕晓晶
新雨少年电影学院	温州市少年儿童图书馆	金盾
湖北省民办高校/独立学院"超星杯——寻找悦读达人"悦读经典活动暨阅读推广交流会	武昌工学院、武汉工商学院、汉口学院	周晓蓉
微天堂真人图书馆	武汉大学图书馆、武汉大学微阅读书社	申艳

续表2

项目名称	单位	项目负责人
书斋生存 10 小时——触及心灵深处的读书体验	西安交通大学图书馆	张惠君
小荷读书会	西安图书馆	苏清琪
甜甜姐姐讲故事	隰县图书馆	冯永宁
方寸间的文化中国	长春市宽城区图书馆、博先生文化课堂	李嘉英
"长图雅音"高雅艺术沙龙	长春市图书馆	谢群
静美的绘本会说话	长兴县图书馆	朱煜峰
读山水·看万盛——创新阅读、美丽万盛	重庆市万盛经济技术开发区图书馆	吴密

附录五　中国图书馆学会阅读推广课题项目立项名单

批准号	单位	负责人	课题名称
YD2016A01	北京大学信息管理系	李世娟	"扫码看书，百城共读"阅读推广服务机制及效果影响因素研究
YD2016A02	山西财经大学	吴汉华	民间力量参与图书馆阅读推广研究
YD2016A03	华南师范大学图书馆	郑永田	美国图书馆协会阅读推广服务研究
YD2016A04	上海交通大学图书馆	陈幼华	经典阅读推广理论与方法流派研究
YD2016A05	沈阳师范大学	王　宇	图书馆阅读推广的体系拓展与内涵深化研究
YD2016A06	盐城工业职业技术学院	陈爱华	高职院校图书馆新媒体阅读推广服务研究——基于 100 所国家示范性高职院校图书馆新媒体阅读推广实践
YD2016A07	丹东市图书馆	曹　阳	图书馆学者推介对阅读推广的促进作用
YD2016A08	长沙市图书馆	尹婷婷	同龄示范在图书馆阅读推广中的实践应用
YD2016A09	东莞图书馆	银　晶	聆听的魅力——有声读物资源推广活动及分析
YD2016A10	山东省图书馆	雷　辉	公共图书馆新媒体阅读推广因素的分析和研究
YD2016B01	绥化学院图书馆	郎玉林	阅读推广的文化社会学研究
YD2016B02	中国地质大学（武汉）图书馆	朱　蕾	高校图书馆科普阅读推广创新模式研究
YD2016B03	山东大学	苏倩玉	我国小学阅读推广模式研究
YD2016B04	电子科技大学图书馆	喻梦倩	大学生阅读与成长培养模式研究
YD2016B05	重庆大学	许天才	图书馆阅读推广成效评估
YD2016B06	上海交通大学图书馆	陈晶晶	基于成效评估的图书馆阅读推广服务优化策略实证研究
YD2016B07	中共成都市委党校	徐苑琳	地方政府领导干部阅读现状调查——基于成都的实证研究

续表1

批准号	单位	负责人	课题名称
YD2016B08	东莞职业技术学院图书馆	黄 珊	阅读推广中的汉译外国名著版本指引研究
YD2016B09	桂林电子科技大学图书馆	沈占云	美国阅读推广多管齐下、持续发展及其历史溯源之研究
YD2016B10	扬州大学图书馆	徐晓冬	意大利公共图书馆早期婴幼儿阅读推广服务研究
YD2016B11	南京师范大学全民阅读研究中心	万 宇	少儿图书馆微信公众平台阅读推广研究
YD2016B12	华南理工大学图书馆	李 娜	我国阅读推广研究态势可视化分析
YD2016B13	北京大学信息管理系	许 欢	美国阅读节阅读推广实践与创新研究
YD2016B14	北京大学图书馆	杨 芬	图书馆吟诵阅读推广之法
YD2016B15	南京晓庄学院	杨 明	构筑儿童阅读推广新模式——以校馆协同创新视野下的大学生志愿者服务为视角
YD2016B16	华北理工大学图书馆	杨双琪	儿童阅读疗法立体化长效推广模式研究
YD2016B17	东莞职业技术学院	黄晶华	异地务工人员阅读贫困与图书馆的阅读援助研究
YD2016B18	吉林大学医学图书馆	曲 扬	中韩高校图书馆阅读推广体系构建及其教育协同作用的对比研究
YD2016B19	四川旅游学院	裴 倩	新媒体在高校阅读推广中的影响力实证研究——以四川旅游学院图书馆为例
YD2016B20	合肥师范学院图书馆	杨焕昌	图书馆有声阅读推广研究
YD2016B21	南京理工大学图书馆	段 梅	大数据环境下的阅读推广 APP 研究
YD2016B22	华南农业大学图书馆	吴茵茵	阅读推广的网络影响力评价研究
YD2016B23	陕西科技大学图书馆	郑 勇	阅读推广人培育理念与方法创新研究
YD2016B24	张掖市甘州区图书馆	黄岳年	县级图书馆阅读推广活动的主要类型研究
YD2016B25	深圳南山图书馆	朱淑华	自闭症儿童的阅读疗法研究与图书馆服务探索

续表 2

批准号	单位	负责人	课题名称
YD2016B26	邯郸市图书馆	安卫华	真人图书馆引导社会力量开展阅读推广服务案例研究 ——以公共图书馆为例
YD2016B27	重庆图书馆	王兆辉	社会力量参与图书馆阅读推广的模式研究
YD2016B28	宜昌市图书馆	薛 玲	公共图书馆阅读推广多元合作模式构建研究
YD2016B29	上海浦东区图书馆	杨 飞	阅读推广人角色研究
YD2016B30	苏州图书馆	费 巍	城镇化进程中农村阅读研究
YD2016B31	广东省立中山图书馆	钱海钢	beacon 技术在图书馆阅读推广的应用探索与实践
YD2016B32	辽宁省图书馆	王天泥	基于"互联网+"的公共图书馆阅读推广创新研究
YD2016B33	本溪市图书馆	王洪翀	"书香本溪、全民阅读"系列报刊创新活动与反思
YD2016B34	甘肃省图书馆	许新龙	县级公共图书馆阅读推广成效评价研究——基于读者视角
YD2016B35	镇江市图书馆	褚正东	"阅读+"少儿积分兑换课程项目实证研究
YD2016B36	云南省图书馆	王水乔	基于"新媒体"条件下的公共图书馆导读创新模式探索
YD2016B37	内蒙古自治区图书馆	布仁通拉嘎	"微信公众平台链接蒙古包与图书馆"阅读推广研究
YD2016B38	西藏昌都市图书馆	段冬林	互联网环境下昌都市全民阅读现状及发展对策研究
YD2016B39	长春市图书馆	朱亚玲	新媒体与图书馆阅读推广研究
YD2016B40	贵州省贵阳市乌当区图书馆	宋秋水	县区馆老人阅读推广活动类型研究

后 记

近年来，国家领导人和政府组织倡导和重视书香社会建设，越来越多的组织机构、民间力量和读者参与到全民阅读活动中来，全国上下，全民阅读活动开展得如火如荼，成效显著。全民阅读已经成为社会热词，得到全社会的高度认可和积极配合。在全民阅读发展过程当中，图书馆扮演着不可替代的角色，是非常重要的推动力量。中国图书馆学会阅读推广委员会在全民阅读的道路上，一直未停歇，它以全国图书馆为立足点，开展阅读推广的实践与研究，促进全社会的阅读氛围建设。

自 2008 年以来，中国图书馆学会每年组织遴选"全民阅读示范基地"，具体组织工作由阅读推广委员会承担。至 2017 年，该项工作开展了十年，诞生了一批在全民阅读工作中表现突出的图书馆。十年之际，也正好对已有的全民阅读示范基地进行复核，对这些单位的全民阅读工作进行一个全面的检验和展示，在这个背景下，本书的选题应运而生。

深感信任和压力，在阅读推广委员会主任李东来馆长的精心指导下，本人牵头负责完成了具体编撰工作。本书的主体内容为全民阅读示范基地风采展示，按类别分为省级公共图书馆、副省级公共图书馆、地市级公共图书馆、县级公共图书馆、少年儿童图书馆、高校图书馆六讲，编写成员为这些图书馆具有丰富工作经验的专业人员。其中，第一讲分别由张春春、王昕晗、焦明华、张法、胡益红撰写；第二讲分别由冉秀萍、吴俊乐、刘燕、王海涛、蔡卫萍、曾玉娇撰写；第三讲分别由王笑夫、李波、姚照丰、莫启仪、蔡畯、冯军、夏亮撰写；第四讲分别由李欣、李淑红、缪晓辉、林瑞凰、李佳盈、顾芸、祝静怡、梅花、田明美撰写；第五讲分别由郭明才、林翔撰写；第六讲分别由赵飞、张海舰、汪聪、胡希琴、吴亚平、于静、房玉琦、刘菁、张和伟、袁华、曾艳撰写。此外，挑选整理了部分 2016 年全民阅读活动"阅读推广优秀项目"以及 2016 年中国图书馆学会阅读推广课题项目的成果作为附录。为编好本书，我们在编撰过程中广泛征求各单位和个人的入编意愿和意见，共同对内容进行了反复讨论和修改。本书的编撰整理工作也得到了阅读推广委员会秘书长冯玲，秘书处邱建恒、冼君宜、吴楚莹等的大力支持和帮助。感谢朝华出版社的张汉东、韩丽群等老师为本书的编辑付出的辛勤劳动。

经过一年多的努力，《全民阅读示范基地建设》即将与大家见面，它是 2017 年通过复核的部分优秀的全民阅读示范基地的经验总结，也是中国图书馆学会"全民阅读称号"遴选活动和阅读推广课题项目的成果之一。由于视野、水平和篇幅所限，编者深知本书的编辑和资料汇总整理方面还存在着诸多不足和疏漏，真诚期望各位专家和读者批评指正。

最后，对所有为本书提供过材料与帮助的图书馆工作人员表示深深的感谢！

张利娜

2019 年 6 月